자유와 구원의 텍스트, 성서

자유와 구원의 텍스트

대학생을 위한 성서강의

성서

윤덕규 지음

도야앤

저는 학교에서 수업을 하는 첫 시간이면 학생들에게 묻습니다. 지난 수천 년간의 인류 역사에서 그리고 올해에도 세계에서 가장 많은 사람이 읽어왔던 책은 무엇입니까? 예, 그 답은 성서입니다. 성서는 올해도 그리고 내년에도 세계에서 가장 많이 출판되는 책이고 현재 전 세계 수십억의 인구가 읽고 있는 글이며, 성서가 출간된 지난 수천 년간 이루 헤아릴 수 없는 많은 독자가 읽어온 인류의 보물이라고 말할 수 있습니다. 그렇기에 성서는 성서를 신앙의 경전으로 삼는 기독교인들에게만 중요한 것이 아니라, 인류 역사를 대표하는 고전으로서 종교가 없거나 타종교를 믿는 사람들도 인생에서 꼭 읽어보아야 할 가치가 있는 글입니다.

성서를 처음 읽는 분들은 성서가 기독교의 경전이기 때문에 매우 어려울 것이라고 생각합니다. 물론 읽고 이해하기에 어려운 점도 있지만, 성서는 기본적으로 이야기 형태로 구성되어 있습니다. 성서에는 3천 명이 넘는 다양한 인물이 나오며 그들의 삶의 이야기가 담겨 있습니다. 성서는 모세와 다윗과 솔로몬과 같은, 많은 사람이 익히 들어보았을 인물들에 관한 이야기들이면서, 궁극적으로는 하나님에 관해 말하는 하나님에 관한 이야기라고 할 수 있습니다. 성서는 인간을 생명과 진리의 길로 인도하시는 살아 계신 하나님에 의한 인류의 구원에 관해서 말하는 이야기라고 할 수 있습니다.

　저는 성서를 읽는 젊은 독자들인 대학생들에게 성서를 가르쳐오면서 성서는 자유와 구원으로 인도하는 글이라는 것을 강조합니다. 이 책의 제목을 《자유와 구원의 텍스트, 성서》라고 정한 것도 그러한 이유입니다. 성서는 에덴동산의 원죄로부터 시작되는 인간 타락의 역사에서 죄로부터의 자유를 말하고, 출애굽의 역사를 통해 하나님의 역사에 의한 인간의 고난으로부터의 자유와 해방과 정의를 말하며, 죄로부터 해방된 인간이 하나님의 진리를 따르는 자유를 역설합니다. 성서는 또한 죄와 고난 가운데 있는 인간을 하나님이 그분의 사랑과 자비로 어떻게 구원해왔는지를 말하고 있습니다. 성서는 하나님의 사랑에 기반한 구원을 위한 약속들에 관해 말하며 하나님은 그러한 약속들을 성취해가시며 인간을 구원하고 계십니다. 성서에 기록된 하나님의 구원 이야기의 절정에는 인간을 구원하기 위해 이 땅에 오신 예수 그리스도의 이야기가 있습니다. 그러므로 성서를 읽고 배운다는 것은 이러한 자유와 구원의 길로 초대받은 것입니다.

성서는 한 개인과 인류 공동체가 가야 할 궁극적인 길인 진리에 대해서 말하며, 그 하나님의 진리가 역사적으로 예수 그리스도를 통해 계시되었음을 말합니다. 성서는 한 개인과 공동체의 삶에서 등불이 되는 진리의 텍스트이며 또한 오늘 우리의 삶과 공동체와 사회를 조명하고 성찰하고 그것을 통해 우리가 어떠한 방향으로 나아갈 것인가를 깊이 궁구하게 하는 글이기도 합니다. 그러므로 성서를 배운다는 것은 진리로의 인도를 통해 인간을 구원하는 개인의 신앙 측면만이 아니라 성서와 대화하고 성찰함을 통해 우리의 삶과 공동체와 사회를 변화시키는 거시적인 측면도 중요하다 할 수 있겠습니다.

저는 이 책에서 성서가 말하고자 하는 신학적인 측면과 학문적인 측면을 종합하여 조화하고자 노력했습니다. 지난 3년간 안양대학교에서 〈성서의 이해〉라는 과목을 수천 명의 학생에게 강의하면서 성서 이외에는 마땅한 교재를 갖지 못하였습니다. 그런 점에서 새로이 수강하는 젊은 대학생들을 위해 성서강의 교재를 만들어야겠다고 생각해왔습니다. 그래서 이 책을 기본적으로는 대학생들을 대상으로 한 성서강의를 위한 목적으로 만들었습니다. 그러나 단지 대학생들만을 독자로 상정하지 않았습니다. 한국 교회에서 많은 성경공부가 있으나 성서에 대한 깊은 이해를 갖고 있는 기독교 신자들의 수는 적다고 생각합니다. 그래서 이 책은 성서를 대학에서 학문적으로 배우는 대학생들만이 아니라 성서의 신학적 의미를 더 깊이 이해하고자 하는 기독교 신자들을 염두에 두면서 저술하였습니다. 이 책에 나오는 성서 본문은 한국 교회에서 일반적으로 이용하고 있는 〈개역개정판〉 성경에서 인용하였습니다. 이 책이 성서를 배우고 이해하고 익힌 것을 실천함으로써 생명의 삶을 살고자 하는 모든 독자에게 도움이 되기를 진심으로 바랍니다.

2015년 2월
수리산 기슭 안양대학교에서
윤덕규

| 차 례 |

| 책을 펴내며 | ……………………………………………………………………… 4

| 머리말 | 성서에 대한 개관 – 성서란 어떠한 책인가? ……………………… 11

제 I 부 구약성서 이야기

제1장 창조와 타락 ………………………………………………………… 29

제2장 구원사의 시작 – 족장들의 역사 ……………………………… 40

제3장 자유와 해방을 위한 역사 – 출애굽(Exodus) ……………… 49

제4장 성서의 하나님 – 성서의 하나님은 어떠한 분이신가? ……… 63

제5장 약속의 땅과 사사 시대 …………………………………………… 72

제6장 이스라엘 왕정과 다윗 계약 …………………………………… 82

제7장 성서와 지혜 ………………………………………………………… 93

제8장 예언서 – 이스라엘의 멸망과 그 원인 ……………………… 102

제II부 신약성서 이야기

제1장 복음서 ·· 115

제2장 예수의 치유 이야기 ·· 123

제3장 예수의 가르침 ·· 128

제4장 하나님의 나라(천국) ·· 138

제5장 예수 그리스도의 십자가의 고난 ···························· 148

제6장 예수 그리스도의 부활 ·· 160

제7장 예수와 제자도 ·· 168

제8장 바울과 바울서신 ·· 175

제9장 구원과 바울의 신학 ·· 182

제10장 종말과 완성 ·· 190

| 맺음말 | ··· 197

| 참고문헌 | ··· 202

성서에 대한 개관
– 성서란 어떠한 책인가?

1. 성서란 어떠한 책인가?

첫째, 성서란 기독교인에게 역사적인 경험을 신앙의 관점에서 해석하여 인생의 의미와 목적을 밝히려는 글이라고 할 수 있습니다. 성서의 내용은 진공에서 나타난 것이 아니라 기본적으로 역사적 경험을 바탕으로 하고 있습니다. 이러한 역사적 경험을 신앙의 시각에서, 즉 하나님의 눈으로 해석하여 인간 삶의 의미와 목적을 밝히고자 한 책이 성서라고 할 수 있습니다.

구약성서에는 고대 중근동 지역을 중심으로 민족의 출현과 문명의 흥망성쇠와 전쟁과 인구이동 등의 수많은 역사적인 경험들이 나타납니다. 성서는 이러한 역사적 사건들 안에서 하나님이 그분의 주권을 통해 활동하고 계신 것을 보여주며 하나님이 선택한 백성인 이스라엘과 다른 민족들의 역사적 경험을 통해 하나님의 뜻이 실현되는 과정을 증언하고 있습니다. 구약성서는 그러한 이스라엘과 주변 민족들의 역사적 경험들을 하나님과의 관계, 즉 신앙의 시각에서 해석하고 있다는 점에서 여타의 역사서들과는 분명 다르다고 할 수 있습니다.

신약성서는 화육(성육신)하신 하나님의 아들인 예수 그리스도와의 만남과 그분에 관한 역사적 증언이며 신앙고백입니다. 성서 전체가 메시아이자 하나님의 아들이신 예수 그리스도에 관해 증언하고 있지만(요한복음 5:39), 구약성서가 이스라엘의 역사를 중심으로 서술해 나간다면 신약성서는 예수 그리스도와의 만남과 그 의미를 집중적으로 증언하고 있습니다. 예수는 2천 년 전 팔레스타인 지역에서 활동한 역사적인 실존인물이었으며 그의 공생애를 통해 많은 사람을 가르치고 치유하며 하나님의 나라의 복음을 전파하다 십자가형을 받고 죽었습니다. 신약성서는 역사적 인물로서 예수의 인격과 활동과 삶을 증언하고 있으며 메시아이자 하나님의 아들이며 주님으로서의 그에 관한 신앙고백과 그의 오심과 죽음과 부활의 신학적 의미를 진술하고 있습니다.

둘째, 성서는 인류를 창조하시고 구원하시는 하나님의 이야기라고 할 수 있습니다. 성서는 하나님에 관해 진술합니다. 즉, 하나님이 어떠한 분이시며 역사 속에서 어떻게 활동하셨는가를 진술하고 있습니다. 구체적으로 성서는 살아 계시고 거룩하시며, 신실하시고 은혜와 사랑을 베푸시는 하나님에 관해 말합니다. 그리고 그 하나님이 온 우주와 인류를 창조하시고 선택된 백성인 이스라엘과 온 인류의 역사 속에서 어떻게 주권적으로 활동하고 계시는가를 밝히고 있습니다. 성서의 이야기는 크게 보면 '창조 – 타락 – 구원 – 종말을 통한 완성'이라는 네 국면으로 구분해서 말할 수 있습니다. 그중 성서 이야기의 가장 많은 부분을 차지하는 것이 하나님의 구원 이야기입니다. 성서는 인간을 구원하시는 하나님의 역사에 관해 말합니다. 성서에는 수많은 구원 이야기가 있지만, 이스라엘의 역사를 형성한 중요한 구원 이야기는 출애굽의 역사를 통해 하나님께서 고난 받는 이스라엘 백성을 이집트의 노예 상태에서 해방시켜 자유를 주시는 구원 이야기라고 할 수 있습니다. 성서의 구원 이야기는 하나님의 아들이 인간의 몸을 입고 오셔서 하나님의 용서와 사랑을 알게 하시고 십자가와 부활의 사건을 통하여 인류를 구원하시고 영원한 생명을 주시는 예수 그리스도의 이야기에서 그 절정에 이릅니다.

셋째, 성서는 인간 삶의 궁극적 진리와 그 진리를 통한 인간의 변화에 관해 말합니다. 예수는 자신을 가리켜 "내가 곧 길이요 진리요 생명이니"(요한복음 14:6)라고 말씀하셨습니다. 즉, 성서는 예수의 인격과 삶을 통하여 인생의 궁극적인 길과 하나님의 진리와 생명의 삶의 길이 나타났음을 증언합니다. 예수가 보여준 그 길과 진리에 따르는 삶은 예수의 삶과 같이 생명의 삶으로, 즉 구원의 삶으로 열매를 맺습니다. 그러므로 성서는 그 길과 진리와 생명을 통한, 즉 구원받은 인간의 인격과 삶의 변화를 말합니다. 고린도인들에게 보내는 두 번째 편지에서 사도 바울은 "그런즉 누구든지 그리스도 안에 있으면 그는 새로운 피조물이라 이전 것은 지나갔으니 보라 새것이 되었도다"(고린도후서 5:17)라고 말합니다. 성서가 말하는 진리의 삶을 살아가는 구원받은 사람은 과거와는 다르게 변화된 새로운 존재로서 새로운 삶을 살아가게 됩니다.

넷째, 성서는 인류의 고전 중 고전이라고 할 수 있습니다. 우리는 시대와 지역을 초월하여 인류의 삶에 큰 영향을 주는 책들을 고전이라고 부릅니다. 동서양에 수많은 고전이 있어왔고 현대에도 많은 독자가 그러한 고전의 양서들을 읽고 있습니다. 성서는 특정한 시기, 약 1천 년간에 걸쳐 세계의 한구석에서 발생한 것이지만, 그러한 시대적·지역적 제한을 넘어서는 인류 전체의 중대한 문제들과 관련되는 보편성을 지니고 있습니다. 즉 성서는 시대와 공간을 초월하는 보편적 성격을 지닌 고전이라고 말할 수 있으며, 다른 어떠한 고전들보다도 인류의 삶과 역사에 더 큰 영향을 끼쳐왔습니다. 우리가 고전을 읽는 이유는 고전을 읽고 대화함으로써 현재의 문제를 바르게 인식하고 개인의 삶과 공동체의 미래적 대안을 찾아나가기 위함입니다. 우리는 성서를 읽음으로써, 우리와 공동체의 삶을 바르게 이해하고 변화시켜 나갈 수 있습니다.

2. 성서의 구성

성서는 구약성서 39권과 신약성서 27권의 전체 66권으로 구성되어 있습니다.

구약성서(Old Testament)
- 오경: 창세기, 출애굽기, 레위기, 민수기, 신명기
- 역사서: 여호수아, 사사기, 룻기, 사무엘상하, 열왕기상하, 역대기상하, 에스라, 느헤미야, 에스더
- 시와 지혜서: 욥기, 시편, 잠언, 전도서, 아가서
- 예언서: 이사야, 예레미야, 예레미야애가, 에스겔, 다니엘, 호세아, 요엘, 아모스, 오바댜, 요나, 미가, 나훔, 하박국, 스바냐, 학개, 스가랴, 말라기

구약성서의 첫 다섯 권을 오경이라고 부릅니다. 유대교에서는 이 다섯 권의 책을 토라(Torah: 율법서)라고 부릅니다. 역사서는 이스라엘의 역사를 다루고 있는데 이스라엘 민족의 가나안 땅으로의 이주를 다루고 있는 여호수아와 초기 정착의 역사를 다루고 있는 사사기, 사사시대로부터 왕정체제로의 변화를 다루고 있는 사무엘서와 남북왕국의 역사를 다루고 있는 열왕기와 역대기 그리고 북이스라엘과 남유다의 멸망 이후 바빌론 포로기와 그 이후의 재건의 역사를 다루고

있는 느헤미야와 에스라 등으로 이루어져 있습니다. 시편과 아가서는 시가서이고 잠언과 전도서와 욥기는 지혜와 지혜로운 삶에 대해 다루는 지혜서입니다. 예언서가 권수로는 가장 많은데 이사야서와 예레미야서와 에스겔서를 3대 예언서라고 부르며 예레미야애가와 다니엘서를 제외한 12권의 소예언서가 있습니다. 예언서들은 예언자들의 이름을 따라 부르며 예언자들은 하나님의 말씀을 위탁받아 백성들에게 선포하는 역할을 주로 하였습니다. 이처럼 구약성서는 율법과 역사와 시와 지혜와 예언서 등 다양한 장르로 구성되어 있습니다.

신약성서(New Testament)
- 복음서: 마태, 마가, 누가, 요한
- 역사서: 사도행전
- 서신서: 로마서, 고린도전후서, 갈라디아서, 에베소서, 빌립보서, 골로새서, 데살로니가전후서, 디모데전후서, 디도서, 빌레몬서(바울서신); 히브리서, 야고보서, 베드로전후서, 요한 1, 2, 3서, 유다서
- 묵시문학: 요한계시록

신약성서의 구성은 예수의 공생애와 그의 십자가의 죽음과 부활을 주로 다루고 있는 복음서와, 성령 강림 이후 교회의 선교활동의

역사를 다루고 있는 사도행전과 편지글의 형식으로 이루어진 서신서들로 이루어져 있습니다. 서신서 중 로마서부터 빌레몬서에 이르는 열세 권의 책은 사도 바울이 썼기 때문에 바울서신이라고 부릅니다. 요한계시록은 글의 형식은 서신서이지만 종말과 묵시의 내용을 포함하기에 묵시문학으로 분류합니다.

3. 성서의 지리와 역사

(1) 성서의 지리

성서의 지리는 이스라엘인들이 하나님이 그들에게 약속한 땅으로 생각하였던 가나안 땅(오늘날의 팔레스타인 지역)과 구약성서의 주무대를 이루는 가나안을 포함하는 비옥한 초승달 지역, 그리고 신약성서에서 선교를 통해 복음이 전해지는 지중해 지역으로 구분해 생각해 볼 수 있습니다.

• 가나안 땅(팔레스타인 지역): 남북으로는 320km, 동서로 160km 현재의 이스라엘과 팔레스타인 영토에 상응하는 지역입니다. 북으로는 레바논 산맥과 서로는 지중해(성서에서는 대해로 표기하고 있음)와 동으로는 요르단 강 계곡과 남으로는 신광야로 이루어져 있습니다. 구약성서에서는 이스라엘의 강역을 단에서 브엘세바로 표기하는데, 북

쪽의 단 위에는 헤르몬 산(2814m)이 있고 남쪽 경계인 브엘세바 밑에는 네게브 사막이 위치해 있습니다. 팔레스타인 지역은 기후상으로는 지중해성 기후를 보이나 동쪽과 남쪽의 내륙지역으로 갈수록 강수량이 적어지는 스텝성 기후로 변합니다.

• 비옥한 초승달 지역(The Fertile Crescent): 활모양 또는 초승달 모양을 한 비옥한 땅인데, 아라비아 사막을 접경으로 페르시아 만에서부터 티그리스 강과 유프라테스 강을 거쳐 시리아와 팔레스타인을 돌아 이집트의 나일 강 삼각주에 이릅니다. 이 지역은 고대 메소포타미아 문명과 이집트 문명의 발상지로써 고대세계 문명의 중심지였습니다. 비옥한 초승달 지역의 한 부분인 가나안 땅과 함께 구약성서의 지리적·역사적인 주무대를 이루고 있습니다. 유대교와 기독교와 이슬람교가 이 비옥한 초승달 지역에서 탄생했습니다.

• 지중해 지역: 신약성서에서 예수의 주 활동 무대는 갈릴리를 중심으로 하는 이스라엘 내에 머물지만, 교회의 선교활동을 통해 신약성서의 지리적 배경은 팔레스타인 지역을 넘어 지중해에 있는 여러 도시들로 확장됩니다. 당시 이방선교의 거점 역할을 했던 안디옥(시리아)과 에베소, 갈라디아(터키), 데살로니가, 빌립보, 고린도(그리스), 로마(이탈리아) 등이 지중해에 위치한 신약성서의 주요한 장소들입니다.

(2) 성서의 역사

• 창세기 12-50장: 기원전 2000년경 하나님이 구원을 위해 아브

라함을 부르심

- 출애굽기 – 신명기: 출애굽(기원전 1280년경)과 그 이후 광야에서
  의 40년간의 유랑
- 여호수아, 사사기: 이스라엘의 가나안 정복과 이주를 통한 가나
  안 땅 정착
- 사무엘 상하, 열왕기 상하: 사울왕의 왕국 건립(기원전 1040년경)
  - 다윗이 왕위에 오름(기원전 1000년경): 솔로몬이 왕위에 오름(기
    원전 961년경)
  - 솔로몬 사후(기원전 922년경) 왕국의 분단: 북 이스라엘과 남 유
    다 왕국으로 분리
  - 북이스라엘 왕국이 앗시리아(앗수르)에 의해 멸망(기원전 722년)
  - 남유다 왕국이 신바빌로니아(바빌론)에 의해 멸망(기원전 586년)
- 에스라, 느헤미야: 신바빌로니아의 멸망과 페르시아(바사)의 고
  레스의 승리(기원전 539년)
  - 포로귀환(기원전 538년), 성전이 재건됨(기원전 515년)
  - 에스라와 느헤미야에 의한 복구 작업(기원전 450/440년대)
- 마카베오 상하: 그리스의 지배(알렉산더에 의한 팔레스타인 지배, 기원
  전 332년)
  - 이집트 시대(기원전 320-200년) 프톨레마이오스 왕조 치하의 팔
    레스타인
  - 수리아 시대(기원전 200-164년) 셀레우코스 왕국의 지배하에서

안타오쿠스 4세 에피파네스가 성전을 더럽힘

- 마카베오의 반란(기원전 167년)

- 유다 마카베오의 예루살렘 섬령과 성전정화(기원전 164년)

- 유대가 셀레우코스 왕국으로부터 독립적 지위를 얻고 독립왕

  국으로 인정받음(기원전 152-142년)

• 신약성서(로마시대): 폼페이우스의 예루살렘 점령으로 팔레스타

  인 지역이 로마의 속령이 됨(기원전 63년)

- 예수 그리스도의 탄생(기원전 4년경)

- 예수 그리스도의 십자가 죽음, 부활, 승천(기원후 30년)

- 사도 바울의 1-3차 선교여행(기원후 47-57년)

- 네로 황제의 기독교인에 대한 1차 박해(기원후 64년)

- 유대전쟁(기원후 66-70년)

4. 성서의 중심사상

(1) 구원

성서의 핵심 주제는 구원에 관한 것입니다. 구약성서에서 나타난
하나님의 대표적인 구원사건은 출애굽의 구원사건입니다. 하나님은
이집트 왕인 바로의 억압과 압제로 인한 고난과 노예 상태에 놓인
이스라엘 백성의 조상인 히브리인들을 그분의 능력과 기적을 통해

구원하십니다. 하나님의 구원의 역사를 통하여 히브리인들은 해방과 자유를 얻게 되며 하나님이 약속하신 땅인 가나안으로 인도됩니다. 이 출애굽의 구원에 관해 신명기서는 다음과 같이 말합니다.

"너는 또 네 하나님 여호와 앞에 아뢰기를 내 조상은 방랑하는 아람 사람으로서 애굽에 내려가 거기에서 소수로 거류하였더니 거기에서 크고 강하고 번성한 민족이 되었는데/ 애굽 사람이 우리를 학대하며 우리를 괴롭히며 우리에게 중노동을 시키므로/ 우리가 우리 조상의 하나님 여호와께 부르짖었더니 여호와께서 우리 음성을 들으시고 우리의 고통과 신고와 압제를 보시고/ 여호와께서 강한 손과 편 팔과 큰 위엄과 이적과 기사로 우리를 애굽에서 인도하여 내시고/ 이곳으로 인도하사 이 땅 곧 젖과 꿀이 흐르는 땅을 주셨나이다"(신명기 26:5-9).

성서의 가장 중심적인 구원의 사건은 하나님의 아들이신 예수 그리스도에 관한 것입니다. 성서의 구원 이야기는 하나님의 아들이 이 땅에 육체를 입고 오셔서 죄로 인해 하나님으로부터 상실된 백성들을 그의 십자가와 부활을 통하여 구원하시고 영원한 생명을 주시는 것에서 절정에 이릅니다. 신약성서는 예수 그리스도의 성육신을 통한 구원을 다음과 같이 증언합니다.

"하나님이 세상을 이처럼 사랑하사 독생자를 주셨으니 이는 그를 믿는 자마다 멸망하지 않고 영생을 얻게 하려 하심이라/ 하나님이 그 아들을 세상에 보내신 것은 세상을 심판하려 하심이 아니요 그로 말미암아 세상이 구원을 받게 하려 하심이라"(요한복음 3:16-17).

(2) 하나님의 사랑

성서는 살아 계시며 임의로 행하시는 주권자이신 하나님에 관해 말합니다. 성서의 하나님은 인간의 눈에 보이지 않으시지만 살아 계셔서 인간의 삶과 역사 속에서 주권자로서 활동하고 계심을 성서는 분명히 밝힙니다. 성서는 하나님의 본성의 가장 큰 특징으로 하나님은 사랑이심을 밝힙니다. 그 하나님의 인류를 향한 사랑이 얼마나 큰지, 그 어떤 것도 우리를 예수 그리스도를 통해 나타난 하나님의 사랑으로부터 끊을 수 없음을 말합니다(로마서 8:39). 그 하나님의 사랑을 아가페라고 부릅니다. 이 아가페의 사랑은 절대적이고 무조건적이며, 십자가의 희생을 통해 인류에게 주어진 사랑입니다. 그리고 우리가 그 하나님의 사랑을 받아 이 땅에서 진정 사랑하는 삶을 살아야 함을 성서는 말하고 있습니다.

"사랑하는 자들아 우리가 서로 사랑하자 사랑은 하나님께 속한 것이니 사랑하는 자마다 하나님으로부터 나서 하나님을 알고/ 사랑하지 아니하는 자는 하나님을 알지 못하나니 이는 하나님은 사랑이심이라/ 하나님의 사랑이 우리에게 이렇게 나타난 바 되었으니 하나님이 자기의 독생자를 세상에 보내심은 그로 말미암아 우리를 살리려 하심이라… 사랑하는 자들아 하나님이 이같이 우리를 사랑하셨은즉 우리도 서로 사랑하는 것이 마땅하도다/ 어느 때나 하나님을 본 사람이 없으되 만일 우리가 서로 사랑하면 하나님이 우리 안에 거하시고 그의 사랑이 온전히 이루어지느니라"(요한1서 4:7-9, 11-12).

(3) 부활과 새 하늘과 새 땅

부활은 성서적 신앙의 핵심을 이루는데 부활이란 다시 살아남과 영원한 생명의 시작을 의미합니다. 성서는 예수가 부활하셨음과 그를 믿는 자의 부활과 영생을 선포합니다.

"그리스도께서 죽은 자 가운데서 다시 살아나셨다 전파되었거늘 너희 중에서 어떤 사람들은 어찌하여 죽은 자 가운데서 부활이 없다 하느냐/ 만일 죽은 자의 부활이 없으면 그리스도도 다시 살아나지 못하셨으리라/ 그리스도께서 만일 다시 살아나지 못하셨으면 우리가 전파하는 것도 헛것이요 또 너희 믿음도 헛것이며… 그러나 이제 그리스도께서 죽은 자 가운데서 다시 살아나사 잠자는 자들의 첫 열매가 되셨도다/ 사망이 한 사람으로 말미암았으니 죽은 자의 부활도 한 사람으로 말미암는도다/ 아담 안에서 모든 사람이 죽은 것 같이 그리스도 안에서 모든 사람이 삶을 얻으리라"(고린도전서 15:12-14, 20-22).

성서는 부활한 예수의 승천 이후 성령의 오심과 함께 종말의 시대가 이미 시작되었으며 그 마지막 때 그리스도의 재림을 통해 세상의 심판이 이루어질 것임과 새 하늘과 새 땅의 새로운 창조와 완성이 이루어질 것임을 선포합니다.

"또 내가 새 하늘과 새 땅을 보니 처음 하늘과 처음 땅이 없어졌고 바다도 다시 있지 않더라/ 또 내가 보매 거룩한 성 새 예루살렘이 하나님께로부터 하늘에서 내려오니 그 준비한 것이 신부가 남편을 위하여 단장한 것 같더라/ 내가 들으니 보좌에서 큰 음성이 나서 이르되 보라 하나님의 장막이 사람들과 함께 있으매 하나님 그들과 함께 계시리니 그들은 하나님의 백성이 되고 하나님은 친히 그들과 함께 계셔서/ 모든 눈물을 그 눈에서 닦아 주시니 다시는 사망이 없고 애통하는 것이나 곡하는 것이나 아픈 것이 다시 있지 아니하리니 처음 것들이 다 지나갔음이러라/ 보좌에 앉으신 이가 이르시되 보라 내가 만물을 새롭게 하노라 하시고 또 이르시되 이 말은 신실하고 참되니 기록하라 하시고"(요한계시록 21:1-5).

5. 성서를 읽는 목적

성서를 읽는 목적은 개인마다 다를 수 있지만, 성서의 독자 대부분은 신앙의 글로서 하나님의 말씀으로 성서를 읽을 것입니다. 반면 아직 기독교 신앙을 받아들이지 않은 사람들은 성서를 인류의 고전으로서 정신의 양식으로 접근할 것입니다. 신약성서의 디모데후서는 성서를 읽는 목적에 관해 다음과 같이 말합니다.

"또 어려서부터 성경을 알았나니 성경은 능히 너로 하여금 그리스도 예수 안에 있는 믿음으로 말미암아 구원에 이르는 지혜가 있게 하느니라. 모든 성경은 하나님의 감동으로 된 것으로 교훈과 책망과 바르게 함과 의로 교육하기에 유익하니 이는 하나님의 사람으로 온전하게 하며 모든 선한 일을 행할 능력을 갖추게 하려 함이라"(디모데후서 3:15-17).

디모데후서 3장은 성서를 읽는 목적을 첫째로, 그리스도 예수 안에 있는 믿음으로 말미암아 구원에 이르는 지혜를 얻는다고 말합니다. 즉, 예수 그리스도를 믿는 믿음을 통하여 인생의 궁극적 목표인 생명의 구원을 얻는 지혜를 얻는 것으로 밝히고 있습니다. 성서를 읽고 배우는 가장 중요한 목표가 인간의 구원에 있음을 말하고 있습니다. 둘째로, 성서는 교훈과 책망과 바르게 함과 의로 교육하기에 유익하다고 말합니다. 인간은 일생에 걸쳐 삶의 교훈과 책망이 필요합니다. 어린 시절에는 부모님과 선생님들이 교훈을 주고 책망하는 역할을 해주지만, 성인이 되면 그러한 역할을 해주는 사람을 찾기에는 어렵습니다. 성서는 하나님의 말씀으로써 사람들에게 교훈과 책망을 제공하며 하나님의 공의와 선하심을 통해 의로운 길과 선한 길을 제시합니다. 셋째로, 성서는 인간을 하나님의 사람으로 온전하게 합니다. 성서는 인간의 변화를 통해 하나님의 온전하심과 같이 온전한 사람이 되는 것과 그가 하나님의 사람이 되는 것을 삶의 목표로 제시합니다. 그러한 하나님의 온전한 사람이 되는 인격적이고 존재적인 변화와 함께 모든 선한 일을 행할 능력을 갖추게 한다고 말합니다. 성서를 읽고 배우고 내면화함으로써 하나님이 원하시는 선한 일을 실천할 수 있는 능력을 갖추게 되는 것입니다. 성서에 나타난 하나님과의 만남을 통해 사랑과 선함과 신실함과 온유함과 절제와 자비와 인내를 갖춘 사람으로 변하게 되고, 그러한 것을 삶에서 실천하는 아름다운 열매를 맺는 능력을 갖춘 사람으로 변하게 됩니다.

제 I 부

구약성서
이야기

미켈란젤로의 〈아담의 창조〉(1512)
구약성서 창세기 2:7

제 1 장

창조와 타락

1. 창조 이야기

시편에 있는 150개의 시 중에는 창조에 관해 노래하는 시들이 있습니다. 그중 대표적인 창조시인 시편 8편은 하나님의 창조에 관해 다음과 같이 노래합니다.

"여호와 우리 주여 주의 이름이 온 땅에 어찌 그리 아름다운지요 주의 영광이 하늘을 덮었나이다/ 주의 대적으로 말미암아 어린 아이들과 젖먹이들의 입으로 권능을 세우심이며 이는 원수들과 보복자들을 잠잠하게 하려 하심이니이다/ 주의 손가락으로 만드신 주의 하늘과 주께서 베풀어 두신 달과 별들을 내가 보오니/ 사람이 무엇이기에 주께서 그를 생각하시며 인자가 무엇이기에 주께서 그를 돌보시나이까/ 그를 하나님보다 조금 못하게 하시고 영화와 존귀로 관을 씌우셨나이다/ 주의 손으로 만드신 것을 다스리게 하시고 만물을 그의 발 아래 두셨으니/ 곧 모든 소와 양과 들짐승이며/ 공중의 새와 바다의 물고기와 바닷길에 다니는 것이니이다/ 여호와 우리 주여 주의 이름이 온 땅에 어찌 그리 아름다운지요"(시편 8편).

시편 8편은 하나님과 그분의 영광을 찬양하며 하나님의 세계 창조와 하나님에 의해 피조된 인간을 말합니다. 시의 저자는 '하나님은 누구시며 또 인간은 누구인가?'를 묻습니다. 하나님께서 만드신 하늘과 달과 별들을 통해 하나님은 온 세계의 창조주(창조주 하나님)이라고 답합니다. 인간에 관해서는 하나님은 인간을 하나님보다 조금 못한 존재로 그에게 존귀하고 영화로운 왕관을 씌워주셨고 만물을 다스리게 하셨다고 말합니다. 이 창조의 시는 하나님 – 인간 존재 – 자연환경을 통하여 인간은 하나님에 의해 피조된 관계적 존재로 이 세계에서 특별한 위치를 지님을 말하고 있습니다.

창세기의 천지창조 기사는 창세기 1장 1절에서 2장 3절까지 이어집니다. 창세기 1장은 "태초에 하나님이 천지를 창조하시니라"는 말씀으로 시작합니다. 성서는 그 시작에서 온 우주가 하나님에 의해 창조되었으며 하나님이 천지의 창조주이심을 분명히 합니다. 하나님은 온 우주 만물의 창조를 그분의 말씀을 통해 이루어갑니다. 창세기 1장은 "하나님이 이르시되"라는 구절을 반복함으로써 하나님의 말씀에 의해 천지 창조가 이루어졌음을 강조합니다. 또한 창세기 1장은 "하나님이 보시기에 좋았더라"는 구절을 일곱 번 반복함으로써 하나님께서 창조하신 만물이 선하고 아름답게 창조되었음을 강조하고 있습니다.

창세기의 창조 이야기는 칠 일간의 창조로 설명되고 있습니다. 첫째 날은 빛이 만들어지고 둘째 날은 하늘과 바다가 창조되고 셋째 날은 땅과 식물들이 창조되고 넷째 날은 해와 달과 별들이 창조되고 다섯째 날은 하늘과 바다의 생물들이 만들어지고 여섯째 날은 짐승들과 인간이 창조됩니다. 그리고 마지막 일곱째 날은 하나님께서 안식하셨다고 기술하고 있습니다. 이러한 피조세계의 창조에서 가장 중요하게 다루어지고 있는 것이 여섯째 날의 하나님에 의한 인간의 창조입니다.

인간 창조에 관한 창세기 1장 26절은 "하나님이 이르시되 우리의 형상을 따라 우리의 모양대로 우리가 사람을 만들고 그들로 바다의 물고기와 하늘의 새와 가축과 온 땅과 땅에 기는 모든 것을 다스리게 하자 하시고"라고 말함으로 인간이 하나님의 형상(*Imago Dei*)대로 창조된 피조물이며 하나님에 의해 창조세계를 다스리는 권한을 부여받았음을 말하고 있습니다. 인간이 하나님의 형상을 따라 피조된 존재라는 것은 몇 가지 중요한 의미를 지닙니다.

첫째, 인간이 하나님의 형상대로 피조되었다는 것은 인간 생명에 대한 존중을 의미합니다. 즉, 인간은 하나님의 모습을 따라 피조된 존재이기 때문에 인간의 생명은 고귀하며 함부로 사람의 생명을 빼앗을 수 없음(창세기 9:6)을 말하고 있습니다. 더 나아가서 모든 인간은 하나님의 형상을 지닌 특별한 존재로 그의 신분적 지위와 부와 관계없이 하나님 앞에 모든 인간은 평등하다는 의미를 지닙니다. 둘째, 인간이 하나님의 형상대로 창조되었다는 것은 인간은 창조주 하나님과 특별한 관계를 맺도록 그리고 관계를 맺을 수 있고 맺어야만 하는 존재로 피조되었다는 것을 의미합니다. 인간은 하나님과의 특별한 관계 속에서 창조되었기 때문에 인간 안에는 하나님을 향한 근원적인 사랑의 열망과 갈급함(시편 42:1-2)이 있습니다. 이러한 사랑의 열망이 하나님과의 관계 속에서 채워질 때 인간은 창조의 목적에 맞는 온전한 인간 존재가 될 수 있습니다.

창세기 2장 7절에 보면 하나님이 첫 사람 아담을 만드실 때 땅의 흙으로 지으시고 아담의 코에 생명의 기운을 불어넣으시니 사람이 한 생명체가 됩니다. 즉, 인간은 다른 피조물과 같이 자연세계의 물질인 흙으로 만들어진 존재이지만 우리의 코에 하나님의 생명의 기운이 들어와야지만, 다른 말로 하면 하나님과의 특별한 관계를 형성해야지만 생명을 가진 온전한 인간이 될 수 있다는 말입니다.

하나님의 천지 창조는 일곱째 날로 이어지는데 여섯째 날까지 하시던 일을 마치시고 일곱째 날에는 안식하셨다고 성서는 말합니다.

창세기 2장 3절은 "하나님이 그 일곱째 날을 복되게 하사 거룩하게 하셨으니 이는 하나님이 그 창조하시며 만드시던 모든 일을 마치시고 그 날에 안식하셨음이니라"고 말합니다. 여기에 안식(쉼)이라는 중요한 개념이 나오는데 이는 하나님께서 그 창조에서 칠 일째 안식하신 것과 같이 하나님의 창조질서 안에서 사람과 자연에게 안식이 필요함을 말하고 있습니다. 하나님의 창조질서 안에 있는 사람은 하루 종일 노동만 할 수 없고 쉼이 반드시 필요하며 그것은 자연에도 마찬가지로 적용됩니다. 이러한 안식의 개념은 하나님 안에서 인간 영혼의 안식을 말하기도 합니다. 마태복음 11장 28절에서 예수님은 "수고하고 무거운 짐 진 자들아 다 내게로 오라 내가 너희를 쉬게 하리라"고 말씀하십니다. 세상 삶 속에서 수고하고 무거운 짐을 진 인간은 하나님 안에서 존재의 휴식이 필요함을 말하고 있습니다.

창세기 2장 4절부터는 인류의 시작에 관한 이야기를 설명합니다. 하나님께서 첫 사람 아담을 지으시고 그의 코에 생명의 기운을 불어 넣으시고 에덴동산에 두셨다고 합니다. 그 에덴동산의 땅에서는 보기에 아름답고 먹기에 좋은 나무와 함께 생명나무와 선악을 알게 하는 나무가 있었다고 합니다. 하나님께서는 아담이 홀로 거하는 것이 좋지 않으므로 그를 돕는 배필을 창조하기로 마음먹으시고 아담이 깊이 잠든 사이 그 갈빗대를 취하여 여자인 하와를 창조하십니다. 이러한 아담과 하와 이야기를 통해 성서는 남녀관계와 가정에 관한 하나님의 창조질서에 대해 중요한 의미를 말하고 있습니다. 하와가 아담의 갈빗대로 만들어졌다는 것과 아담이 하와를 보고 "이는 내 뼈 중의 뼈요 살 중의 살이라"(창세기 2:23)고 외치는 것은 남녀관계의 밀접성과 동반자로서 상호협력 관계의 중요성을 말하고 있습니다.

창세기 2장 24절에서 "이러므로 남자가 부모를 떠나 그의 아내와 둘이 한 몸을 이룰지어다"라고 말하는 것은 남녀가 성인이 되면 부모를 떠나 독립을 하게 되고 결혼계약을 통해 남녀가 연합하여 전인적인 하나가 됨을 말하고 있습니다. 사람이 성인이 되어 집을 떠나 (leaving home) 부모로부터 독립을 하는 것과 남녀가 결혼을 통해 전인적인 하나의 연합을 이루는 것이 하나님의 창조질서의 한 부분임을 말하고 있습니다. 그런 점에서 우리 젊은이들이 성인이 된다는 것은 부모로부터 경제적으로 정서적으로 독립할 수 있어야 한다는 것과 남녀가 인격과 인격으로 만나 사랑을 하고 결혼을 통해 동반자로서 한 가정을 이룰 수 있어야 한다는 것입니다. 그것이 하나님의 창조질서임을 성서는 말하고 있습니다.

2. 인류의 죄악과 타락

창세기 3장부터 11장까지는 하나님에 의해 하나님의 형상을 따라 선하고 아름답게 창조된 인간의 타락과 죄에 관해 중심적으로 이야기하고 있습니다. 하나님이 지으신 피조물 가운데 가장 간교한 뱀 —

악을 상징함 — 은 먼저 하와에게 동산 중앙에 있는 선악과를 먹으면 너희 눈이 밝아져 하나님과 같이 되어 선악을 알게 된다고 유혹하고, 아담과 하와는 그 유혹에 굴복하여 선악과를 먹게 됩니다. 이 에덴동산의 선악과 이야기를 통해서 성서는 인간의 죄에 관해 말합니다. 즉, 인류의 조상 때로부터 갖게 된 죄이기 때문에 인간은 원죄 (Original Sin)를 갖고 있다고 말합니다.

에덴동산 이야기에서 드러나는 인간의 죄의 성격은 인간의 하나님에 대한 불순종과 하나님과 같이 되고자 하는 인간의 욕망에 있음을 알 수 있습니다. "선악을 알게 하는 나무의 열매를 먹지 말라"(창세기 2:17)는 하나님의 명령에 대해 인간은 자신의 자유로운 의지로 거역하게 됩니다. 그렇다면 인간의 죄의 성격은 무엇일까요? 그것은 하나님의 말씀과 명령에 대한 인간의 의지적 반항 행위로 볼 수 있습니다. 뱀이 아담과 하와를 유혹할 수 있었던 것은 인간이 선악과를 먹으면 눈이 밝아져 하나님과 같은 존재가 된다는 것에 있었습니다. 그런 점에서 에덴동산의 선악과 이야기에 드러난 인간의 죄는 인간이 피조물로서 자신이 한계를 지닌 존재임을 거부하고 하나님과 같은 존재가 되고자 한 인간의 교만과 욕망에 있다고 할 수 있습니다. 독재자들이 자신을 신격화하는 행위와 돈과 권력을 갖고 있는 사람들이 자신의 인간으로서의 한계를 알지 못하고 교만하게 행동하는 것 등이 인간의 죄가 된다고 할 수 있습니다.

인류의 조상인 아담과 하와가 에덴동산에서 범한 이러한 죄의 결과로 성서는 인간 삶에 죄책감과 수치심, 자기 행위에 대한 합리화, 산고와 노동의 수고 그리고 낙원으로부터의 추방(실락원)이 들어왔다고 말합니다. 죄를 지은 후에 아담과 하와는 그들의 죄책감으로 인해 하나님의 낯을 피하여 두려워하며 숨습니다. 그리고 그들은 자신의 벗은 모습에 수치심을 느껴 무화과나무 잎을 엮어 치마로 가립니다. 선악과를 네가 왜 먹었느냐는 하나님의 질문에 아담은 여자가 주므로 자신이 먹었다고 변명을 늘어놓습니다. 마찬가지로 하와도 뱀이 자신을 유혹하므로 먹었다고 변명을 합니다. 즉, 자기 자신의 잘못을 인정하지 않고 자신을 합리화하며 자신의 잘못을 다른 사람에게 투사하는 미숙한 인간의 모습을 보여줍니다. 이러한 죄의 결과로 여자는 임신과 산고의 고통을 겪게 되었으며 남자는 평생 땅에서 노동의 수고를 하여야 땅의 소산을 얻게 되었다고 성서는 말합니다. 끝으로 아담과 하와는 에덴동산에서 추방당하게 되어 낙원을 잃게 됩니다.

에덴동산의 선악과 이야기는 인류의 조상인 아담과 하와의 타락과 죄로 인한 인류의 원죄에 관해 이야기하면서 태고로부터 인간 안에 본질적인 죄성이 있음을 말하고 있습니다. 또한 이 인간 타락의 이야기는 인간은 선악을 행할 수도 있고 하나님께 순종할 수도 불순종할 수도 있음을, 즉 인간은 자유의지를 갖고 있음을 보여주고 있습니다. 하나님이 인간에게 부여한 자유의지를 통해 인간은 선택할 수 있고 하나님의 뜻에 따라 살아갈 수도 있고 하나님의 뜻에 거역하며 살아갈 수도 있지만, 그러한 인간 자유에 대한 책임과 분명한 심판이 있음을 말해주고 있습니다. 성서는 인간의 타락과 범죄를 통해 인류가 낙원을 상실하지만, 성서의 마지막 부분인 요한계시록의 예언을 통해 이 에덴동산이 궁극적으로 회복될 것이라고 말하고 있습니다 (요한계시록 22:1-5).

창세기 6-9장에 나오는 노아의 홍수 이야기는 인간의 죄와 타락에 관하여 더 구체적으로 보여줍니다. 사람들이 땅 위에 번성하면서 인간은 문명을 이룹니다. 도시가 건설되고 경제적 부를 축적하면서 인간 문명은 발전해나갔지만, 이 땅에서 인간의 죄악은 더욱더 커집니다. 그래서 하나님께서는 인간을 창조하신 것을 한탄하시고 마음에 근심하셨고 이 세상을 심판하게 되었다고 말합니다. 그리고 하나님의 심판을 불러온 인간의 죄악의 핵심을 창세기 6장은 '포악함'과 '부패함'이라고 규정합니다.

"여호와께서 사람의 죄악이 세상에 가득함과 그의 마음으로 생각하는 모든 계획이 항상 악할 뿐임을 보시고/ 땅 위에 사람 지으셨음을 한탄하사 마음에 근심하시고… 그 때에 온 땅이 하나님 앞에 부패하여 포악함이 땅에 가득한지라/ 하나님이 보신즉 땅이 부패하였으니 이는 땅에서 모든 혈육 있는 자의 행위가 부패함이었더라/ 하나님이 노아에게 이르시되 모든 혈육 있는 자의 포악함이 땅에 가득하므로 그 끝 날이 내 앞에 이르렀으니 내가 그들을 땅과 함께 멸하리라"(창세기

6:5-6, 11-13).

그러면, 하나님께서 인산을 창조하신 것을 한탄하고 후회하신 인간의 대표적인 죄인 포악함과 부패함이란 무엇을 말할까요? 포악함(하마스)이란 인간이 폭력과 억압과 착취를 통하여 죄악을 저지르는 것을 말합니다. 부패함(샤하트)이란 부정으로 썩고 손상되어 멸절에 이르게 됨을 말합니다. 창세기는 하나님께서 인간 문명 속에서 사람이 저지르는 포악함과 부패로 인해 죄악이 극에 이른 이 땅을 노아의 홍수사건을 통해 심판하시게 되었다고 말합니다. 폭력과 억압과 착취를 통한 수많은 죄악의 행위들과 부정과 부패의 타락의 역사는 인간 문명이 고도로 발달된 오늘날에도 계속되고 있습니다. 우리는 노아의 홍수 이야기에 나오는 이러한 인간의 죄악을 살펴봄으로써 우리가 저지르고 있는 개인적/사회적인 죄를 성찰하고 회개하고 하나님의 창조질서의 뜻에 맞는 삶을 살아가야 하겠습니다.

그러나 노아의 홍수 이야기는 인간의 죄와 심판만을 말하는 것이 아니라 하나님의 사랑과 언약과 희망을 또한 말합니다. 물이 마른 후에 하나님은 사람으로 인하여 땅을 저주하지 않고 모든 생물을 다시는 홍수로 멸하지 않으시겠다고 다짐하신 후(창세기 8:21), 노아와 그의 아들들과 함께 언약을 세우십니다. "내가 너희와 언약을 세우리니 다시는 모든 생물을 홍수로 멸하지 아니할 것이라 땅을 멸할 홍수가 다시 있지 아니하리라"(창세기 9:12). 그리고 그 언약의 증표로 구름 속에 무지개를 나타내십니다. 이 언약의 이야기를 통해 인간의 죄악에도 불구하고 인간을 사랑하시고 은혜를 베푸시는 하나님의 모습과 인간의 미래에 대한 새로운 희망을 볼 수 있습니다.

제 2 장

구원사의 시작
- 족장들의 역사

1. 아브라함을 부르심과 하나님의 약속

성서는 인간의 타락과 죄악의 역사에도 불구하고 하나님께서 인간 타락의 역사에 개입하시어 한 사람과 가족을 선택하고 축복하시고 그를 통해 온 인류를 구원으로 인도하심을 보여줍니다. 마치 프리즘을 통과한 한 줄기 빛이 넓게 퍼져나가는 것과 같이, 하나님의 구원의 역사는 한 사람과 그의 가족에서부터 시작되지만 세계 모든 민족과 온 인류에게로 확장되어 퍼져나갑니다. 이러한 하나님의 구원 역사를 위해 선택된 인물이 이스라엘 민족의 조상인 아브라함입니다.

원래 아브라함의 고향은 바빌로니아의 우르였는데 그는 아버지인

데라와 조카인 롯과 함께 오늘날 터키 동남부에 위치한 하란으로 옮겨 거주하게 됩니다. 하란으로 이주했을 때 하나님께서는 인류 모든 민족의 구원을 위하여 아브라함을 부르시게 됩니다. 창세기 12장 1절에 따르면 하나님은 홀연히 아브라함에게 나타나 "너는 너희 고향과 친척과 아버지의 집을 떠나 내가 네게 보여 줄 땅으로 가라"고 말씀하십니다. 원래 아브라함의 고향이었던 우르와 그가 이주한 하란은 당시 메소포타미아 문명의 상업적 중심지들이었던 반면, 하나님께서 그에게 보여준 땅인 가나안은 상대적으로 척박한 땅이었습니다. 교통이 발달하지 않았던 당시에 가나안으로 가는 것이 쉽지는 않았지만 아브라함은 하나님의 부르심에 순종으로 응답합니다. 우리는 아브라함의 이야기를 통해 성서적 신앙이 하나님의 부르심에 대한 인간의 응답, 즉 순종에서 시작됨을 알 수 있습니다.

하나님은 아브라함을 부르시며 아브라함에게 세 가지 약속을 줍니다. 삼중의 약속이라 불리는 이 약속은 첫째로 하나님이 아브라함의 자손에게 땅을 주겠다는 것(12:7), 둘째로 아브라함의 후손이 큰 민족을 이루고 창대하게 되는 것(12:2), 셋째로 땅의 모든 족속이 아브람을 통해 축복을 얻는 복의 근원이 된다는 것(12:3)입니다. 하나님은 아브라함을 부르시면서 미래적 약속을 주셨습니다. 후손이 땅을 얻고 큰 민족을 이루고 땅의 모든 민족이 아브라함을 통해 축복을 얻는 것은 아브라함의 당대에 이루어질 일은 아니었습니다. 그것은 최소 수백 년 또는 수천 년 이상의 시간이 필요한 미래적 약속이었습니다. 그러나 성서는 아브라함이 하나님의 말씀을 따라 약속의 땅인 가나안으로 갔다고 말합니다. 그런 점에서 성서적 신앙은 하나님의 약속이 이루어지라는 믿음과 새로운 기대와 희망 속에서 사는 것입니다. 그 약속의 성취는 하나님의 신실성에 기반합니다. 즉, 하나님께서 그분의 약속을 반드시 지키실 것이라는 말입니다. 그리고 아브라함이 받은 약속의 축복은 한 개인과 가족의 축복을 넘어서서 세상의 모든 족속이 복을 받는 온 인류 구원의 축복으로 확장되어 나갑니다. 아브라함의 후손으로 이 땅에 오신 예수 그리스도를 통해 아브라함의 약속의 축복은 땅의 모든 민족이 복을 받는 인류 구원의 축복으로 이어집니다. 아브라함을 통해 하나님의 축복이 모든 민족과 인류에게로 넓게 퍼져나가게 됩니다.

하나님의 약속이 이루어지기 위해서는 먼저 아브라함과 그의 아내 사라 사이에 자식이 있어야만 했습니다. 그러나 그들 부부에게는 오랫동안 자식이 없었고, 하나님이 그들에게 자식을 주기까지에는 많은 기다림과 인내가 필요했습니다. 기다리다 지친 사라는 자신의 여종인 하갈을 아브라함과 동침하게 하여 아브라함과 하갈 사이에서 아들인 이스마엘이 태어납니다. 그러나 이스마엘은 하나님의 약속의 자식은 아니었습니다. 마침내 아브라함의 나이 백세에 사라의 나이 구십일 세에 아브라함은 약속의 아들인 이삭을 얻습니다.

이스라엘 민족의 시조이며 기독교인들에게 믿음의 조상이라고 불리는 아브라함의 이야기는 하나의 신앙 여정을 보여줍니다. 초월적인 하나님의 부르심에 대해 순종한 아브라함에게 하나님은 약속을 주시며 그의 신앙 여정은 시작됩니다. 그러나 약속의 땅에 기근이 들자 아브라함은 이집트로 가게 되고 그곳에서 자신의 아내를 누이라 속입니다. 아브라함의 신앙은 시련을 맞지만 하나님의 역사가 정직하지 못했던 아브라함을 구합니다. 하나님의 약속에 대한 믿음이 부족하였기에 아브라함과 하갈 사이에 이스마엘이 태어나고, 두 모자는 사라에 의해 쫓겨나는 아픔을 겪습니다. 이러한 시련과 아픔 가운데 아브라함의 신앙은 점점 더 견고해지고, 하나님의 약속을 믿은 아브라함을 하나님은 의롭게 여기셨다고 성서는 증언합니다. 마침내 모리아 산에서 그의 아들 이삭을 번제로 드리는 행위를 통해 아브라함의 믿음은 하나님의 인정을 받습니다.

2. 야곱과 이스라엘의 열두 지파

이스라엘 역사의 계보는 아브라함과 이삭을 거쳐 세 번째 족장인 야곱 대에 들어 열두 형제의 큰 가족으로 확장됩니다. 사라와 같이 이삭의 아내 리브가는 임신하지 못하였으나, 이삭과 리브가의 간구를 들으신 창조주 하나님의 역사에 따라 쌍둥이 아들을 낳습니다. 형은 에돔 민족의 조상이 되는 사냥꾼 에서였고 동생은 이스라엘 민족의 중시조가 되는 영악한 야곱이었습니다. 둘 다 아버지 이삭과 어머니 리브가의 아들들로 태어났지만 하나님의 약속의 계보를 잇게 되는 사람은 야곱이었습니다. 야곱은 둘째였고 인격적으로도 부족하였지만 하나님의 축복과 장자의 권리를 소중히 여겼다고 성서는 말합니다. 그렇기에 야곱은 아버지 이삭을 통해 하나님의 축복을 받습니다.

야곱이 하나님의 선택을 받는 것을 통해 창세기 이야기에서 장자나 강한 자가 아닌 동생 또는 약자가 하나님에 의해 선택되는 것을 볼 수 있습니다. 가인이 아닌 아벨과 셋이, 이스마엘이 아닌 이삭이, 에서가 아닌 야곱이, 르우벤이 아닌 유다와 요셉이 선택됩니다. 하나님이 인간을 선택하는 방식은 장자와 강한 자 또는 유능한 자가 선택되는 인간 사회의 관습과는 사뭇 다르다는 것을 알 수 있습니다. 하나님의 선택은 그분의 자유로운 뜻에 따른 것이지만, 인간의 입장에서 보면 선택된 자들이 하나님의 약속과 축복에 대한 소망을 가졌고 하나님을 신뢰했기 때문이라고 할 수 있습니다.

야곱은 아버지의 축복을 받았지만 아버지와 형을 속여서 축복권을 얻었기에 형의 원한에 직면하게 됩니다. 그는 고향을 떠나 하란으로 가는 길에 베델에서 돌베개를 베고 꿈을 꾸다 하나님을 만납니다. 하나님은 아브라함에게 준 삼중의 약속을 야곱에게 다시 새롭게 하며 야곱을 약속의 땅인 가나안으로 다시 인도할 것을 약속합니다(창세기 28:13-15). 그는 밧단아람에서 두 명의 아내인 레아와 라헬 그리고 두 명의 첩인 빌하와 실바를 통해 열두 명의 아들과 디나라는 딸을 낳습니다. 야곱의 열두 아들은 레아와의 사이에서 낳은 르우벤과 시므온과 레위와 유다와 잇사갈과 스불론, 라헬과의 사이에서 낳은 요셉과 베냐민, 빌하와의 사이에서 낳은 단과 납달리, 실바와의 사이에서 낳은 갓과 아셀이었습니다. 이 열두 형제는 훗날 이스라엘의 열두 지파를 형성합니다.

　하나님의 은총과 섭리 가운데 부자가 된 야곱은 요셉을 낳은 뒤에 그의 가족과 소유물을 거느리고 고향 땅인 가나안으로 돌아옵니다. 고향으로의 귀환 중 형 에서가 사백 명의 사람을 거느리고 야곱을 만나러 온다는 소식을 듣고 큰 두려움에 휩싸인 야곱은 얍복 나루에서 홀로 남게 됩니다. 홀로 남은 야곱은 그 밤에 하나님의 천사와 씨름을 하게 되고 허벅지 관절을 다치게 되지만 대신 하나님의 축복을 받습니다. 하나님의 축복으로 야곱은 '하나님 및 사람들과 겨루어 이겼다'라는 의미의 '이스라엘'이라는 칭호를 얻습니다. 그리고 그 장소의 이름을 하나님의 얼굴이라는 의미의 '브니엘'이라 하였습니다. 이 브니엘에서 하나님의 얼굴을 대면한 사건은 야곱의 인격과 삶을 변화시키는 큰 전기가 됩니다. 그는 천사와의 씨름에서 허벅지 관절을 다쳐 절뚝거렸지만 브니엘의 아침햇살 가운데 형 에서와 화해하고 적대적 관계였던 형의 얼굴에서 하나님의 얼굴을 봅니다. 하나님과의 만남을 통해 야곱은 과거에 사람들을 속이고 세상 것에 집착하던 사람에서 타인을 진정 사랑하고 화해하는 사람으로 변합니다.

3. 요셉과 하나님의 구원

창세기 후반부(37, 39-50장)를 이루는 요셉 이야기는 일관성 있게 인간의 죄악과 고난의 역사를 통해서 인간의 생명을 구원하시는 하나님의 모습과 역사를 잘 묘사해 보여줍니다. 요셉은 야곱의 열한 번째 아들이었지만 야곱이 가장 사랑했던 아내 라헬과의 사이에서 처음 태어난 자식이었습니다. 야곱은 라헬과의 사이에 노년에 낳은 아들이었기에 형제들 중 유독 요셉을 더 사랑했고 다른 형제들과 달리 채색옷을 해 입혔습니다. 이러한 가족 내에서 아버지의 편애는 요셉이 꾼 꿈 — 형제들의 곡식단이 요셉의 단에 절을 하고 해와 달과 별 열한 개가 요셉에게 절을 한 꿈 — 과 더불어 야곱 가족에게 큰 비극을 낳게 합니다.

요셉에 대한 질투와 미움으로 요셉의 형들은 처음에는 요셉을 죽이고자 음모를 꾸밉니다. 그러나 이복동생인 요셉을 죽이는 것에 죄책감을 느낀 유다의 제안에 따라 요셉의 형들은 요셉을 이스마엘 상인에게 팔아버립니다. 상인들에 의해 이집트에 팔려간 요셉은 보디발이라는 이집트 왕의 경호대장 집에서 종으로 일하게 됩니다. 그러나 하나님께서는 형제들에게 배신당하고 노예로 팔려가는 고통과 멸시를 겪는 연약한 자인 요셉과 함께 하십니다. 창세기 39장은 하나님께서 요셉과 함께 하셨기에 요셉이 형통한 자가 되어 하는 일마다 잘되었고 그의 주인이 가정의 모든 소유를 요셉의 손에 위탁하였다고 말합니다. 그러나 요셉에게 다시금 시련이 찾아옵니다. 보디발의 아내가 요셉의 준수함과 아름다움에 반하여 동침하기를 청하였으나 요셉은 거룩하신 하나님을 거역하는 죄를 지을 수 없다고 거부하고, 그 여주인은 요셉이 자신을 욕보이려 하였다고 모함을 하여 요셉은 왕의 죄수를 가두는 감옥에 갇힙니다.

감옥에서 요셉은 이집트 왕 바로의 두 관원장의 꿈을 해석하고, 마침내 칠 년의 풍년과 칠 년의 흉년을 예고하는 바로의 꿈을 해몽하여 미래의 기근의 위기를 대비하게 함으로써 바로에게 큰 인정을 받습니다. 하나님은 요셉에게 꿈을 해석하고 미래를 대비하는 명철과 지혜를 주셔서 요셉을 이집트 땅의 총리로 세우십니다. 요셉 이야기를 통해 요셉이 노예의 신분에서 총리가 되는 모습에서 연약한 자를 들어 올리셔서 백성의 지도자로 삼으시는 하나님의 주권과 인간을 고난으로부터 구원하는 하나님의 역사를 볼 수 있습니다.

요셉 이야기는 인간의 죄악과 고난 속에서 인간의 생명을 구원하시는 하나님의 섭리의 역사를 잘 드러냅니다. 흉년과 기근으로 인해 가나안에서 이집트로 양식을 구하러 온 형제들에게 요셉은 자신이 형제들이 팔아넘긴 요셉임을 밝히면서 "하나님이 큰 구원으로 당신들의 생명을 보존하고 당신들의 후손을 세상에 두시려고 나를 당신들보다 먼저 보내셨나니"(창세기 45:7)라고 말합니다. 형제들이 요셉에게 한 악행을 약속의 후손들을 보존하기 위해 그리고 계속된 흉년으로 인해 수많은 굶어죽는 생명을 구원하시기 위해 하나님이 선한 섭리의 역사로 바꾸어주셨음을 말하고 있습니다. 요셉 이야기의 마지막 부분에서 아버지 야곱의 죽음 이후 요셉은 보복의 두려움에 떨고 있던 형제들을 오히려 위로하고 그들을 진정으로 용서하면서 형제들의 행악을 하나님께서는 선으로 바꾸어 만민의 생명을 구원하려 하셨다고 말합니다(창세기 50:20). 요셉 이야기는 인간의 죄악과 고난 가운데 인간을 선과 의로움과 생명으로 인도하시는 하나님의 구원의 역사를 잘 드러내 보이고 있습니다. 요셉을 시기하여 죽이려고 했던 형제들은 자신들의 죄를 진정으로 뉘우치게 되고 요셉을 통하여 하나님은 그들의 죄를 용서하시고 그들 후손들의 생명을 보존하게 하십니다.

신약성서의 로마서에서 사도 바울은 원수 갚는 것은 하나님께 맡기고, "네 원수가 주리거든 먹이고 목마르거든 마시게 하라. 그리함으로 네가 숯불을 그 머리에 쌓아 놓으리라. 악에게 지지 말고 선으로 악을 이기라"(로마서 12:21)고 말합니다. 요셉은 자신을 배신한 형제들을 용서하고 선으로 대함으로써 형제들을 부끄럽게 했고 악을 선으로 이겨냈습니다.

제 3 장

자유와 해방을 위한 역사
- 출애굽(Exodus)

1. 출애굽의 역사적 배경과 히브리인들의 고난

애굽이라는 말은 오늘날 거의 사용하지 않는 한자이기 때문에 처음 출애굽이란 말을 듣는 사람은 그것이 어떠한 의미인지를 파악하는 것이 어려울 것입니다. 출애굽이란 출(出)이집트라는 말을 의미합니다. 그것은 이집트에서 노예 생활을 하였던 야곱의 후손이며 이스라엘 민족의 조상인 히브리인들이 당시 이집트의 왕이었던 바로(파라오)의 압제를 피해 하나님이 약속한 자유의 땅인 가나안을 향해 탈출한 역사를 가리킵니다.

그러면 야곱의 후손들은 어떻게 이집트 땅으로 가게 되었을까요?

창세기 47장에 따르면 요셉의 초청으로 아버지 야곱과 열두 형제의 가족을 포함하는 야곱의 대가족이 이집트로 이주하여 나일 강 델타 지역의 비옥한 땅인 고센 땅과 라암셋에 정착하는 것이 나옵니다(창세기 47:6, 11). 역사학자들은 이 시기를 힉소스족이 말이 이끄는 전차와 같은 강력한 무기로 이집트의 정치적 세력이 약해졌을 때 이집트의 통치자들을 몰아내고 이집트를 정치적으로 다스릴 때로 추정하고 있습니다(기원전 1720년경 이후). 힉소스족이 혈연적으로 이스라엘 민족과 같은 셈족이었기 때문에 힉소스족의 통치자가 야곱 가족들을 호의적으로 환영했을 가능성이 크다고 보고 있습니다. 그러나 고대세계의 많은 문명국가들에서 이민족의 통치가 오래 가지 못했던 것과 같이, 이집트에서도 힉소스족의 통치는 200년을 채 넘기지 못합니다. 기원전 1550년경 토착 이집트인인 아모스 1세가 힉소스족의 통치를 무너뜨림으로써 이집트인에 의한 지배를 시작합니다. 이 것이 이집트의 18왕조로서 이러한 정치적 상황의 변화는 이전에 이집트에서 환대받던 야곱의 후손들인 히브리인들의 신분을 크게 변화시키게 됩니다. 출애굽기 1장 8절 이하는 "요셉을 알지 못하는 새 왕이 일어나 애굽을 다스리"고 국고성 비돔과 라암셋을 건축하게 하고 가혹한 노동으로 히브리인들을 학대하는 것을 말하는데, 이러한 기사는 당시의 변화된 정치적 상황을 반영하고 있습니다.

기원전 14세기 말에는 이집트의 19왕조의 세토스 1세에 의해 이집트의 19왕조가 시작되는데 세토스 1세(기원전 1305-1290)와 후계자인 람세스 2세(기원전 1290-1224)는 나일 강 델타 지역의 아바리스를 재건축하고 비돔에서도 건축사업을 추진합니다. 새로운 왕조의 개창과 도시의 건설과 건축사업은 당시 이집트 땅에서 노예 신분으로 전락한 히브리인들을 매우 고통스럽게 만들었습니다. 히브리인들은 흙 이기기와 벽돌 굽기, 농사 등 여러 형태의 가혹한 노동에 시달려야 했습니다. 그러한 심한 학대에도 불구하고 히브리인 수가 늘어나는 것을 염려한 이집트 왕 바로는 갓 태어난 히브리 남아들을 강물에 던져 죽이는 유아학살을 단행하였습니다. 이집트 왕인 바로에 의한 학살과 학대와 탄압의 압제는 이스라엘 백성들을 심각한 고난으로 몰아넣었습니다.

　출애굽기 2장 23절에서 25절은 "이스라엘 자손은 고된 노동으로 말미암아 탄식하며 부르짖으니 그 고된 노동으로 말미암아 부르짖는 소리가 하나님께 상달된지라/ 하나님이 그들의 고통 소리를 들으시고 하나님이 아브라함과 이삭과 야곱에게 세운 그의 언약을 기억하사/ 하나님이 이스라엘 자손을 돌보셨고 하나님이 그들을 기억하셨더라"고 말합니다. 하나님은 이스라엘 백성의 부르짖음과 고난의 소리를 들으시고 고난 가운데 있는 그들을 돌보셨으며 그들의 조상들과 세운 언약인 약속의 땅으로 그들을 인도해가고자 하셨습니다. 하나님의 이러한 히브리인들의 해방과 약속의 땅으로의 인도를 위한 구원의 역사를 위해 이스라엘 민족의 지도자로 소명을 받는 인물이 바로 모세입니다.

2. 모세의 성장과 하나님의 부르심

출애굽기 2장에는 모세의 출생과 성장에 관한 이야기가 나옵니다. '물에서 건져냄'이라는 의미의 이름을 갖는 모세는 레위 가문에서 태어난 준수한 아이였습니다. 그러나 당시는 바로가 히브리인들의 남아를 나일 강에 빠뜨려 죽이는 유아학살을 단행하는 때였습니다. 모세의 어머니는 모세를 석 달 동안 숨겨 키웠으나 더 이상 숨길 수 없어 갈대 상자에 넣어 나일 강가 갈대 사이에 놓습니다. 때마침 바로의 딸이 목욕을 하러 나일 강가에 왔다가 갈대 상자에 놓인 아기 모세를 발견하고 불쌍히 여겨 자신의 아들로 입양합니다. 공주가 모세를 발견할 때 뒤따라온 모세의 누이 미리암이 히브리 여인 중 유모를 삼아 아이에게 젖을 먹일 것을 요청하여 다행스럽게도 모세는 어린 시절에 친어머니의 젖을 먹고 자랍니다. 이러한 점에서 모세는 이중적인 정체성을 갖고 어린 시절을 보내며 성장합니다. 한편으로 모세는 히브리인으로 태어났고 히브리인 어머니의 젖을 먹으며 자신의 형제자매를 알며 커 나갈 수 있었으나, 다른 한편으로 그는 이집트 공주의 양아들로 성장하며 이집트 궁중에서 교육을 받을 수 있었습니다. 이러한 모세의 삶의 경험은 '나는 누구인가?'라는 자기 정체성에 대한 물음을 심각하게 야기했을 것입니다. 이러한 이중적 자기 정체성을 깨고 모세가 자신이 이스라엘 민족, 즉 히브리인의 일원임을 자각하는 중요한 사건이 일어납니다.

모세는 성인이 되어 왕궁 밖으로 나가 동족인 히브리인들이 노동하는 것을 보다가 이집트 사람이 자신의 동족인 히브리 사람을 매질하는 것을 보게 됩니다. 젊은 혈기의 모세는 그 때리던 이집트 사람을 쳐서 죽이고 모래 속에 파묻어버립니다. 분명 이 사건은 모세가 자신의 이중적 정체성을 깨고 히브리인임을 분명히 자각한 중요한 사건이었습니다. 그러나 지배민족인 이집트인을 죽인 것이 드러나자 왕은 모세를 죽이려고 찾게 되고 모세는 이 위기를 피하여 시나이 사막의 미디안 광야로 몸을 피합니다. 그리고 그는 그곳에서 미디안 제사장인 이드로(르우엘)의 가족을 만나 그의 딸인 십보라와 결혼하고 아들을 낳고 장인의 양을 돌보는 평범한 목동의 삶을 삽니다. 그는 가정을 이루었지만 먼 이국 땅에서 고향과 동족에게로 다시 돌아갈 수 없는 외로운 처지였기에 미디안 광야에서 모세의 삶은 평안하지는 않았을 것입니다.

하나님이 이스라엘 자손의 구원의 역사를 이루기 위하여 이러한 모세에게 나타나 그를 부르십니다. 하루는 모세가 장인의 양 떼를 몰고 호렙 산(시내 산)으로 갔다가 이상한 자연현상 — 떨기나무에 불이 붙었는데 타서 소진되지 않는 — 을 목격합니다. 그는 이 놀라운 광경을 자세히 보려고 떨기나무에 접근하였다가 그 가운데에 나타나신 하나님을 만나는 경험을 합니다. 하나님은 모세를 부르시며 "이리로 가까이 오지 말라 네가 선 곳은 거룩한 땅이니 네 발에서 신을 벗으라"(출애굽기 3:5)고 말씀하십니다. 이에 모세는 "하나님 뵈옵기를 두려워하여" 얼굴을 가립니다(출애굽기 3:6). 이를 통해 인간이 하나님과의 만남을 경험하는 것은 거룩함과 두려움의 체험임을 알 수 있습니다. 하나님은 지극히 거룩하신 분이기 때문에 하나님이 나타나신 땅도 거룩하며 죄와 추악함이 많은 인간은 하나님을 만나면 그 발에서 신을 벗어야 했습니다. 성서에 나타난 모세가 하나님을 만나는 경험을 통해 우리는 죄 많은 인간이 하나님을 만날 때 거룩함과 두려움의 반응을 경험하는 것을 알 수 있습니다.

하나님은 모세에게 나타나셔서 자기 자신을 드러내십니다. 하나님은 인간의 고통 소리를 듣고 보고 그 근심을 아시고 고난 받는 자들에게 긍휼을 베푸시는 분으로 그리고 구원의 능력으로 인간 고난의 현장에 참여하시고 고난 받는 사람들을 구원하여 약속의 땅으로 인도하시는 분으로 나타나십니다(출애굽기 3:7-8). 하나님은 자신의 이름을 묻는 모세에게 "스스로 있는 자"(출애굽기 3:14)와 "너희 조상의 하나님 여호와 곧 아브라함의 하나님, 이삭의 하나님, 야곱의 하나님" (출애굽기 3:15)으로 자신을 드러내십니다. 여기서 하나님의 이름으로 여호와란 이름이 등장합니다. 여호와를 가리키는 히브리어 자음은 오늘날 일반적으로 YHWH로 표기하는데 여호와(Jehovah)라는 말은 JHVH의 자음과 아도나이식 모음이 후대에 잘못 결합되어 사용된 말로써 학문적으로는 야훼(Yahweh)라는 말이 더 정확한 것으로 보고 있습니다. 하나님의 이름인 야훼(YHWH)라는 이름을 부르는 것은 그 거룩함으로 인해 이스라엘에서는 금기시되었기 때문에 사용되지 않고 대신 주님(Adonai; Lord)이라는 말이 사용되었습니다. 그렇기 때문에 야훼 하나님 또는 주님이라는 말을 사용하는 것이 옳습니다.

3. 하나님과 바로의 대결 – 열 가지 재앙과 갈대바다에서의 승리

하나님은 모세에게 명령을 내려 바로에게 보내어 이스라엘 백성을 이집트 땅에서 인도해내게 합니다. 그러나 모세는 여러 차례에 걸쳐 하나님의 예언자로서 자신의 사명을 거부하고자 합니다. 하나님이 기적의 표징을 보여주고 말 잘하는 형인 아론을 붙여주어서야 모세는 이집트로 돌아가 바로를 만나 하나님의 명령을 이행합니다. 이집트로 돌아간 모세와 아론이 바로에게 가서 하나님의 명령이라며 "내 백성을 보내라 그러면 그들이 광야에서 내 앞에 절기를 지킬 것이니라"(출애굽기 5:1)고 하셨다고 전합니다. 그러나 바로는 야훼를 알지 못한다고 말하고 히브리인들에게 벽돌을 만드는 데 원료로 쓰이는 짚을 공급하지 않으므로 이스라엘 백성의 노역을 더 무겁게 합니다. 이스라엘 백성들은 노동량이 늘어난 것에 대해 바로가 아닌 모세와 아론을 원망합니다. 모세는 절망에 빠지지만, 이제 본격적으로 하나님과 이집트 왕 바로 사이에 히브리인들의 해방을 위한 극적인 대결이 시작됩니다.

하나님과 바로 사이의 대결은 열 가지 재앙 이야기와 갈대바다에서의 승리 이야기입니다. 열 가지 재앙 이야기에서 나오는 처음 아홉 가지의 재앙 ─ 나일 강 물이 피로 변하는 것, 개구리 소동, 이 소동, 파리 소동, 가축의 죽음, 악성 종기, 우박, 메뚜기 떼, 흑암 ─ 은 기후 조건이 맞아 떨어질 경우 실제로 시나이 반도와 이집트 땅에서 일어날 수 있는 자연재해라고 합니다. 이러한 자연재해가 일어날 때마다 이스라엘 백성은 기적적으로 살아남고, 이집트인들은 큰 고통을 겪습니다. 이에 바로는 이스라엘 백성을 보내줄 것 같이 하다가 그들을 놓아주지 않습니다. 결국 하나님이 보내신 마지막 재앙인 이집트 땅의 모든 장자(長子)가 죽는 재난이 닥쳐서야 바로는 이스라엘 백성을 놓아줍니다. 이집트인들은 이집트 땅에 처음 난 것이 모두 죽는 큰 재앙을 겪지만, 하나님의 명령에 따라 좌우 문설주와 상인방에 어린 양의 피를 바른 이스라엘 자손의 집은 죽음의 재앙이 넘어갑니다. 그래서 이날을 유월절(Passover)이라고 부르고 있습니다.

이집트를 탈출한 이스라엘 백성은 낮에는 구름기둥으로 밤에는 불기둥으로 앞서가시는 하나님의 인도에 따라 바알스본 맞은편 바닷가에 도달합니다. 자신이 부리던 대규모의 노예를 잃어버린 바로는 마음이 변심하여 육백 대의 정예부대의 특수병거와 장교들이 지휘하는 이집트의 모든 병거를 동원하여 이스라엘 백성들을 추격합니다. 바로의 군대를 보고 큰 두려움에 싸인 이스라엘 자손들은 모세에게 원망을 하였지만 그들은 하나님의 거대한 기적의 역사를 곧 목격합니다. 하나님의 명령을 받은 모세가 바다 위로 지팡이를 들은 팔을 내밀었을 때 큰 동풍이 불어 물이 갈라져 바다가 마른 땅이 됩니다. 이스라엘 자손들은 그 마른 땅을 무사히 건너지만, 이집트의 군대가 뒤쫓아 바다 한가운데로 들어왔을 때 바다의 물이 회복되어 뒤쫓던 그들을 바닷물 가운데에 수장합니다. 이 갈대바다(홍해) 기적의 역사는 성서에 나오는 하나님의 수많은 기적의 역사 중 가장 잘 알려진 이야기 중 하나입니다. 이 홍해에서 하나님의 능력과 초자연적인 기적의 역사를 통해서 마침내 이스라엘 백성들은 이집트 땅을 탈출할 수 있었습니다.

홍해의 물속에서 길이 열린 기적 사건을 통하여 이스라엘 백성은 바다가 육지로 변한 땅을 건넜고 하나님의 구원의 역사를 경험합니다. 유대인 철학자이자 랍비인 에밀 파켄하임(Emil Fackenheim)은 이 초자연적인 사건은 이스라엘의 "뿌리 체험"이 되어 "역사 안에서 구원하시는 하나님의 현존을 나타내는 표징"이 되었다고 말합니다.* 출애굽기 14장 31절은 "이스라엘이 여호와께서 애굽 사람들에게 행하신 그 큰 능력을 보았으므로 백성이 여호와를 경외하며 여호와와 그의 종 모세를 믿었더라"고 기록하고 있습니다. 그들은 이 갈대바다

---

* Emil Fackenheim, *God's Presence in History: Jewish Affirmations and Philosophical Reflections* (New York: Harper & Row, Pub., 1970), 8. 버나드 앤더슨, 《구약성서 이해》, 106에서 인용.

사건을 통하여 하나님과 그의 종 모세를 믿게 되었고 하나님을 두려워하며 하나님이 어떠한 분인가를 알게 됩니다. 결과적으로 이 출애굽의 사건으로 이 세상에서 이스라엘이라는 하나님을 믿는 민족 단위의 한 백성이 인류 최초로 탄생하고, 민족 공동체로서 이스라엘의 역사가 시작됩니다.

갈대바다의 사건은 그 이후 이스라엘 사람들의 신앙 고백의 본질이 됩니다. 그리고 홍해의 기적은 사람들에게 영원히 사라지지 않는 기억이 되었고, 그 기억은 유월절이라는 이스라엘 최대의 명절을 통하여 자손대대로 보존되었습니다. 이스라엘인들은 유월절에 쓴 나물과 무교병과 구운 양고기를 먹으면서, 즉 쓰고 맛없는 음식을 먹으면서 그들 조상의 고난을 회상하고 그 고난으로부터 그들을 해방시킨 하나님의 구원의 역사를 기억했습니다. 그리고 그 기억은 유월절과 예배를 통해 후손들에게 계속하여 전승되었습니다.

출애굽은 야훼 하나님께서 고난의 시기에 이스라엘 백성을 바로의 압제와 노예 상태에서 해방시킨 구원의 역사를 의미합니다. 출애굽의 구원은 바로의 학대와 압제로부터 해방과 자유라는 정치적 해방으로써의 구원의 의미를 가지며 고난으로부터의 구원의 의미를 갖습니다. 또한 출애굽의 구원 사건을 통하여 가해자인 바로는 노예들을 놓아주고 피해자인 이스라엘 백성은 자유를 얻음으로써 하나님의 정의가 성취되었다고 볼 수 있습니다. 우리 인생과 우리 민족의 역사 속에서도 이러한 심각한 고난의 시기는 있어왔고 또한 찾아옵니다. 출애굽과 성서의 많은 다른 구원의 이야기들을 통해 우리는 고난의 때가 인간이 하나님을 만날 수 있는 최적의 시기임을 알 수 있습니다. 출애굽의 구원 이야기를 통하여 고난의 시기에 인간이 하나님을 찾고 부르짖을 때 하나님은 그 소리를 들으시고 돌보기 시작하며 그 사람과 공동체를 구원의 길과 그분의 약속의 나라로 인도하시는 분임을 알 수 있습니다.

지금으로부터 3천 년도 넘는 과거에 발생한 출애굽 사건은 수많은 민족과 집단의 해방과 자유의 역사에 큰 영향을 미쳐왔습니다. 1960년대 흑인 인권운동가이고 노벨평화상 수상자였던 마틴 루터 킹 주니어(Martin Luther King Jr.) 목사는 출애굽 이야기를 미국 땅에서 인종차별과 격리와 학대에 시달리던 흑인들의 자유와 평등과 해방을 위한 이야기로 재해석했습니다. 그는 차별을 일삼던 백인 인종주의자들에게 "내 백성을 가게 하라"(Let My People Go)는 하나님의 말씀을 전하고, 모든 인류의 평등과 형제애에 입각하여 비폭력 저항운동을 통해 자유와 정의를 역설하였습니다. 그는 비록 암살당했지만 그의 노력은 큰 열매를 맺어 미국 사회가 인종 간의 차별을 금지하고 더 정의로운 사회로 변화하는 데 큰 영향을 주었습니다. 오늘날 미국의 대통령이 백인이 아닌 유색인이 될 수 있었던 것은 이러한 노력의 결과일 것입니다.

4. 광야에서 맺은 시내산 계약과 십계명

출애굽을 통하여 이집트를 탈출한 이스라엘 백성이 시내(시나이) 광야로 나와 한 가장 중요한 일이 하나님과 이스라엘 사이에 언약을 맺은 일입니다. 출애굽기 19장에 따르면, 이스라엘 백성은 시내산 앞에 장막을 치고 하나님은 모세를 통해 이스라엘 백성에게 그분이 독수리 날개로 업어 그들을 구원하고 인도하셨음을 말하십니다. 그리고 이스라엘 백성이 하나님의 말씀에 순종하고 언약을 지키면 모든 민족 중에서 하나님의 소유가 되고 제사장 나라와 거룩한 백성이 될 것임을 전하셨습니다(출애굽기 19:4-6). 즉, 하나님은 한 백성을 선택하시고 하나님과의 특별한 계약을 통하여 이스라엘을 하나님의 특별한 소유(제사장 나라, 거룩한 백성)로 삼으신 것입니다. 이 계약에서 중요한 것은 그것이 "너희가 내 말을 잘 듣고 내 언약을 지키면"(출애굽기 19:5)이라는 조건부 계약이라는 점과 계약 내용의 핵심이 모세를 통한 계명(또는 율법)의 수여에 있다는 점입니다. 시내산 언약이 조건부 계약이라는 것은 만약 계약의 한 상대방인 이스라엘이 계약 내용을 지키지 않으면 하나님과의 이 계약은 파기된다는 것을 의미합니다. 계약 내용의 핵심인 토라 중 대표적인 십계명을 보면 시내산 계약이 어떠한 의미를 지닌 것인지를 이해할 수 있습니다.

십계명(The Ten Commandments)

1. 하나님 외에 다른 신들을 섬기지 말라.

2. 우상과 하나님의 형상을 만들어 섬기지 말라.

3. 하나님의 이름을 망령되이 부르지 말라.

4. 안식일을 기억하여 거룩하게 지키라.

5. 네 부모를 공경하라.

6. 살인하지 말라.

7. 간음하지 말라.

8. 도둑질하지 말라.

9. 네 이웃에 대하여 거짓 증거하지 말라.

10. 네 이웃의 집과 소유를 탐내지 말라(출애굽기 20:3-17).

1-4번 계명은 하나님과 인간과의 관계를 규정하는 수직적 차원을 말하며, 5-10번 계명은 인간 상호간의 관계를 규정하는 수평적 차원을 말하고 있습니다. 십계명은 인간 삶에서 근본적인 중요성을 가진 원리들을 언급하는데 하나님을 섬기는 것, 세대 간의 가장 큰 의무인 부모에 대한 공경, 사람에 대한 가장 큰 상해인 살인의 금지, 가족의 유대를 깨는 대표적인 해악인 간음의 금지, 공동체에 대한 의무로써 도둑질과 거짓말과 이웃의 소유를 탐하는 것을 금하고 있습니다. 십계명의 수평적 차원인 인간 상호 간의 관계를 규정하는 계명들은 인간 상호 간의 윤리적 차원들을 말하고 있습니다. 가정에서 부모

와 자식세대 사이에서 서로 공경하고 사랑하며, 부부 간에 성적 윤리를 지키고 사람들 사이에서 살인과 같은 폭력을 행사하지 않으며, 거짓말과 노둑질과 같은 부정부패를 저지르지 않고 이웃의 소유를 탐하지 않는다면 그러한 공동체와 사회는 사람들이 살기 좋은 아름다운 공동체와 사회가 될 것입니다. 하나님과 이스라엘 사이에 계약을 맺은 것은 하나님과 그 백성들과의 바른 관계와 사람들 사이의 선하고 의로운 도덕적 관계를 위한 계약을 맺은 것입니다.

십계명의 계명들은 크게 두 가지의 긍정적인 형태의 말로 표현할 수 있습니다. 그것은 "너는 마음을 다하고 뜻을 다하고 힘을 다하여 네 하나님 여호와를 사랑하라"(신명기 6:5)와 "원수를 갚지 말며 동포를 원망하지 말며 네 이웃 사랑하기를 네 자신과 같이 사랑하라 나는 여호와이니라"(레위기 19:18)로 요약할 수 있습니다. 예수님도 신약성서에서 가장 큰 계명을 묻는 한 율법학자의 질문에 "첫째는 이것이니 이스라엘아 들으라 주 곧 우리 하나님은 유일한 주시라/ 네 마음을 다하고 목숨을 다하고 힘을 다하여 주 너의 하나님을 사랑하라 하신 것이요/ 둘째는 이것이니 네 이웃을 네 자신과 같이 사랑하라 하신 것이라 이보다 더 큰 계명이 없느니라"(마가복음 12:29-31)라고 말씀하십니다. 결국 십계명을 비롯한 모든 계명이 하나님과 이웃을 사랑하라는 사랑의 말씀으로 완성될 수 있습니다.

제 4 장

성서의 하나님
– 성서의 하나님은 어떠한 분이신가?

1. 하나님은 유일하신 분이시다

성서가 하나님에 관해서 말할 때 성서는 하나님께서 존재하신다는 가정하에 하나님이 어떠한 분이시고 그분이 인간에게 무엇을 요구하시는지에 대해 관심을 집중합니다. 성서는 하나님께서 유일하신 신이시며 그 유일하신 하나님을 사랑할 것을 요구합니다.

"이스라엘아 들으라 우리 하나님 여호와는 오직 유일한 여호와이시니/ 너는 마음을 다하고 뜻을 다하고 힘을 다하여 네 하나님 여호와를 사랑하라"(신명기 6:4-5).

이 신명기의 구절을 유대인들은 쉐마라고 부르는데, 그것은 '쉐마 (들어라) 이스라엘'이라고 시작되기 때문입니다. 경청하고 마음에 새기고 부지런히 가르치고 상론하고 표로 삼고 기록해야 할 가장 중요한 것은 '하나님은 유일한 분이시고 그 하나님을 마음을 다하고 뜻을 다하고 힘을 다하여 사랑해야 한다'는 것입니다. 먼저, 성서가 말하는 하나님은 유일하신 분입니다. 그런 점에서 성서는 절대적 유일신 신앙을 말합니다. 이는 십계명에 나오는 "너는 나 외에는 다른 신들을 네게 두지 말라"는 첫 번째 계명과 연결됩니다. 하나님 이외에 다른 신은 없다는 것입니다. 그러므로 하나님 이외에 신이라고 명명하여 섬기는 대상은 우상이라는 것입니다. 둘째, 그 유일하신 하나님을 인간이 할 수 있는 최선을 다하여서 섬기고 사랑할 것을 명령합니다. 그 말은 하나님과 인간과의 언약관계에서 충실할 것을 요구한다는 말입니다.

2. 하나님은 거룩하시고 신실하시다

"나는 너희의 하나님이 되려고 너희를 애굽 땅에서 인도하여 낸 여호와라 내가 거룩하니 너희도 거룩할지어다"(레위기 11:45).

"하나님은 사람이 아니시니 거짓말을 하지 않으시고 인생이 아니시니

후회가 없으시도다 어찌 그 말씀하신 바를 행하지 않으시며 하신 말씀을 실행하지 않으시랴"(민수기 23:19).

모세와 이스라엘 백성이 만난 하나님은 거룩하신 분으로 나타납니다. 하나님께서 거룩하시다는 것은 인간이 가까이 할 수 없는 분리된 초월성과 함께 죄로부터 분리된 윤리적 거룩함을 의미합니다. 그렇기 때문에 인간이 하나님을 만날 때는 하나님의 거룩하심과 함께 인간 자신의 죄의 심연과 두려움을 느낄 수밖에 없는 것입니다(이사야 6:1-5). 하나님의 거룩하심은 그분의 성품이시며 하나님의 백성들이 본받아야 할 명령입니다. 즉, 하나님께서 거룩하신 것과 같이 그의 백성들도 거룩할 것을 요구합니다. 그러므로 성서는 하나님의 거룩함과 함께 하나님의 백성의 거룩함의 의무를 밝힙니다. 하나님께서 신실하시다는 것은 그분은 자신이 말씀하신 것을 행하시며 약속하신 것을 반드시 이루신다는 말입니다. 성서는 하나님께서 신실하신 분(Faithful God)임을 말합니다. 디모데후서 2장 15절은 "우리는 신실함이 없을지라도 주는 항상 신실하시니 자기를 부인할 수 없으시리라"고 말합니다. 하나님의 신실함은 변치 않고 약속을 반드시 지키는 것을 의미합니다. 성서의 하나님은 자신의 백성에게 하신 약속을 반드시 지키시는 분입니다. 그렇기 때문에 하나님은 자신을 신뢰하는 사람들을 결코 실망시키지 않으십니다.

3. 하나님은 공의롭고 정의로운 분이시다

"그는 반석이시니 그가 하신 일이 완전하고 그의 모든 길이 정의롭고 진실하고 거짓이 없으신 하나님이시니 공의로우시고 바르시도다"(신명기 32:4).

"너는 재판을 굽게 하지 말며 사람을 외모로 보지 말며 또 뇌물을 받지 말라 뇌물은 지혜자의 눈을 어둡게 하고 의인의 말을 굽게 하느니라/ 너는 마땅히 공의만을 따르라 그리하면 네가 살겠고 네 하나님 여호와께서 네게 주시는 땅을 차지하리라"(신명기 16:19-20).

하나님께서 의로우시다는 것은 언제나 옳은 행동만을 하시고 하나님 자신이 옳은 것의 기준이 되신다는 말입니다. 그렇기 때문에 하나님은 인간의 죄를 심판하십니다. 공의와 정의는 하나님의 도덕적 성품으로서 인간이 또한 공의롭고 정의롭기를 요구하십니다. 사람은 공의를 굽게 하여 재판과 법을 왜곡시켜서는 아니 되며 다른 사람을 외적으로 드러나는 것으로 차별하여 판단하거나 재판하지 말아야 하고 뇌물을 주거나 받지 말아야 합니다.

4. 하나님은 살아 역사하시는 분이시다

"여호와는 모든 나라보다 높으시며 그의 영광은 하늘보다 높으시도 다/ 여호와 우리 하나님과 같은 이가 누구리요 높은 곳에 앉으셨으 나/ 스스로 낮추사 천지를 살피시고/ 가난한 자를 먼지 더미에서 일 으키시며 궁핍한 자를 거름 더미에서 들어 세워/ 지도자들 곧 그의 백성의 지도자들과 함께 세우시며/ 또 임신하지 못하던 여자를 집에 살게 하사 자녀들을 즐겁게 하는 어머니가 되게 하시는도다 할렐루 야"(시편 113:4-9).

"구원자 이스라엘의 하나님이여 진실로 주는 스스로 숨어계시는 하나 님이시니이다"(이사야 45:15).

시편 113편이 증언하는 것과 같이 하나님은 높은 곳에 초월해 계 시지만 자신을 낮추어 이 땅에 임재하셔서 가난한 자와 궁핍한 자를 백성의 지도자들로 세우시는 인간 역사에서 주권을 행사하는 분이 시며 임신하지 못하는 여자에게 자녀를 주시는 창조주 하나님이십 니다. 즉, 하나님은 살아 계시며 생명을 창조하고 역사 속에서 주권 을 행하시는 분이십니다. 그런데 많은 사람이 창조주이시며 주권자 이신 하나님을 인식하지 못합니다. 그 이유를 성서는 하나님께서 숨 어 계시기 때문이라고 말합니다. 하나님께서는 인간의 눈에 숨어 계시기 때문에 우리의 가시적인 눈으로 하나님을 볼 수는 없지만, 우리는 하나님의 현현을 경험할 수 있으며 그분이 주권을 행사하시는 것을 인식할 수 있습니다.

5. 하나님은 사랑이시다

"고아와 과부를 위하여 정의를 행하시며 나그네를 사랑하여 그에게 떡과 옷을 주시나니/ 너희는 나그네를 사랑하라 전에 너희도 애굽 땅에서 나그네 되었음이니라"(신명기 10:18-19).

"사랑하지 아니하는 자는 하나님을 알지 못하나니 이는 하나님은 사랑이심이라"(요한일서 5:8).

구약성서에는 고아와 과부와 나그네를 사랑하고 그들을 돌보라는 말씀이 많이 나옵니다. 하나님께서는 고아와 과부와 나그네와 같은 사회적 약자들, 즉 사회에서 소외된 가난한 사람들을 사랑하시고 돌보시고 그들에게 정의를 행하시는 분이십니다. 그러기 때문에 그분의 백성들도 그러한 사회적 약자들을 사랑하고 돌볼 것을 명령합니다. 성서는 하나님은 사랑이시라고 말합니다. 하나님의 사랑(아가페)은 자신을 다른 사람들에게 무조건적으로 주시는 영원한 사랑을 의미합니다. 그 사랑이신 하나님께서 우리를 먼저 사랑하셨다고 성서는 말합니다(요한1서 5:19). 우리가 어린 시절에 부모님의 사랑을 충분히 받아야 성장해서 다른 사람들에게 사랑을 줄 수 있는 것과 같이 우리는 하나님의 사랑을 받아야 합니다. 하나님의 사랑을 받은 사람은 하나님을 사랑하고 이웃을 자신과 같이 사랑함으로써 하나님의 사랑의 성품을 본받을 수 있습니다.

6. 하나님이 사람에게 요구하시는 것

"여호와께서 이와 같이 말씀하시되 지혜로운 자는 그의 지혜를 자랑하지 말라 용사는 그의 용맹을 자랑하지 말라 부자는 그의 부함을 자랑하지 말라/ 자랑하는 자는 이것으로 자랑할지니 곧 명철하여 나를 아는 것과 나 여호와는 사랑과 정의와 공의를 땅에 행하는 자인 줄 깨닫는 것이라 나는 이 일을 기뻐하노라 여호와의 말씀이니라"(예레미야 9:23-24).

"내가 무엇을 가지고 여호와 앞에 나아가며 높으신 하나님께 경배할까 내가 번제물로 일년 된 송아지를 가지고 그 앞에 나아갈까/ 여호와께서 천천의 숫양이나 만만의 강물 같은 기름을 기뻐하실까 내 허물을 위하여 내 맏아들을, 내 영혼의 죄로 말미암아 내 몸의 열매를 드릴까/ 사람아 주께서 선한 것이 무엇임을 네게 보이셨나니 여호와께서 네게 구하시는 것은 오직 정의를 행하며 인자를 사랑하며 겸손하게 네 하나님과 함께 행하는 것이 아니냐"(미가 6:6-8).

이 세상에서 많은 사람이 자신의 능력과 육체적인 힘 또는 부를 자랑하거나 그것에 의지하려고 합니다. 그러나 하나님께서 사람에게 원하시는 것은 우리가 명철을 갖고 하나님을 아는 것과 하나님께서 사랑과 정의와 공의의 하나님이신 것을 깨닫는 것이라고 예레미야는 말합니다. 구약성서는 하나님을 아는 것, 즉 하나님에 대한 지식이 가장 중요하다고 주장합니다. 인간이 하나님이 어떤 분인지를 알고 모르는 것에 그 인간 삶의 흥망이 달려 있음을 말합니다. 하나님은 사랑(헤세드)과 정의(미쉬팟)와 공의(츠다카)의 하나님이라고 성서는 말합니다. 그래서 미가 예언자는 인간이 하나님을 만나고 경배하기 위해 필요한 것은 송아지와 강물처럼 넘치는 기름과 같은 재물이나 가장 소중하게 여기는 우리의 자녀를 바치는 것이 아니라고 말합니다. 하나님이 인간에게 구하시는 것은 오직 정의를 행하고 인자를 사랑하며, 즉 하나님의 한결같은 사랑에 근거한 언약 관계의 충실성을 소중히 여기고 실천하며 겸손하게 하나님과 동행하는 것이라고 말합니다. 바로 그것을 하나님께서는 사람에게 요구하신다는 것입니다.

마지막으로 성서의 하나님에 대해 우리가 기억해야 할 것은 하나님은 성품을 지니신 인격자이시라는 것입니다. 그분은 거룩하시고 신실하시고 공의로우시고 정의로우시며 사랑이신 인격을 지니신 분입니다. 하나님은 인격자로서 인간을 찾고 만나고 사랑하십니다. 마찬가지로 인간이 하나님을 찾고 몸과 마음과 뜻을 다하여 하나님을 사랑하기를 원하십니다. 성서의 하나님은 하나님과의 관계 가운데 있는 인간이 하나님의 성품을 본받아 거룩하고 신실하며, 공의롭고 정의로우며 사랑의 삶을 살기를 원하십니다. 하나님은 가난한 자와 약한 자의 고난과 함께 하시며 그들을 돌보시는 것과 같이 우리 사람이 사회적으로 소외된 고아와 과부와 나그네와 같은 사람들을 돌보고 배려하고 사랑하기를 원하십니다. 성서의 하나님은 살아 계셔서 오늘도 인간의 삶과 역사에서 활동하시고 그분의 주권을 행사하며 역사를 인도하시고 계심을 잊지 말기를 바랍니다.

제 5 장

약속의 땅과 사사 시대

1. 광야에서의 40년의 방랑

이집트를 탈출한 이스라엘 자손이 약속의 땅인 가나안으로 가는 가장 빠른 길은 걸어서 두 주면 도착할 수 있는 해안 길을 따라 가는 것이었습니다. 그러나 당시 해안 길에는 이집트의 대상도시들이 있었고 거기에는 이집트 군대가 주둔하고 있었습니다. 해안 길로 빨리 가는 대신 하나님은 이스라엘 자손들을 시나이 반도의 광야에서 약속의 땅으로 들어가기 위한 준비와 훈련을 시키시고자 하셨습니다. 다시 말하면, 이스라엘 백성은 약속의 땅으로 바로 들어간 것이 아니라 시나이 사막에서 사십 년의 준비와 훈련을 위한 시간을 더 기다리고 인내해야 했습니다.

광야는 먹을 것과 마실 것을 구하기가 어렵고 불뱀과 전갈이 우글 거리는 인간 생존에 어려운 자연조건을 갖고 있는 곳이었습니다. 그래서 이스라엘 자손들의 광야생활은 많은 불평과 불만 속에서 모세와 하나님에 대한 원망으로 가득 차 있습니다. 하나님이 적절한 시기에 그들의 필요에 맞는 공급을 해주었음에도 불구하고, 이스라엘 자손들은 오히려 이집트에서 고기와 떡을 배불리 먹었던 과거 노예생활의 최소한의 필요의 충족과 만족을 그리워했습니다. 그들은 자유인이 되어서 누리는 고달픔과 시련을 참아내지 못했습니다. 결국 이러한 불평과 원망은 출애굽 1세대가 약속의 땅인 가나안으로 들어가지 못하게 만들었습니다.

이집트에서의 생활은 배부름과 안전이 있었지만 그것은 죄악의 노예가 되어 있는 삶의 모습을 보여준다면, 광야는 삶의 불확실성이 증대되어 있는 곳이며 그곳에서의 생존은 하나님에 대한 절대적인 의존에 기반하고 있었습니다. 광야생활은 생존과 안전에 여러 가지 어려움이 있는 시기였지만, 다른 한편으로는 하나님의 직접적인 인도와 은총을 체험하는 시기였습니다. 하나님은 때를 따라 이스라엘 사람들에게 마실 물을 공급해주셨고 만나와 메추라기로 그들을 배불리셨으며, 그들의 옷과 신발이 해어지지 않게 하셨습니다. 하나님은 낮에는 구름기둥으로 밤에는 불기둥으로 이스라엘 백성들을 인도하셨으며 하나님께서 이스라엘 자손들과 함께 하셨기 때문에 그들은 부족하지 않았습니다.

이스라엘 백성이 겪은 사막에서의 광야생활은 중요한 신학적 의미를 갖고 있습니다. 신명기 8장 2-3절은 광야생활의 의미를 다음과 같이 전합니다.

"네 하나님 여호와께서 이 사십 년 동안에 네게 광야 길을 걷게 하신 것을 기억하라 이는 너를 낮추시며 너를 시험하사 네 마음이 어떠한지 그 명령을 지키는지 지키지 않는지 알려 하심이라/ 너를 낮추시며 너를 주리게 하시며 또 너도 알지 못하며 네 조상들도 알지 못하던 만나를 네게 먹이신 것은 사람이 떡으로만 사는 것이 아니요 여호와의 입에서 나오는 모든 말씀으로 사는 줄을 네가 알게 하려 하심이니라" (신명기 8:2-3).

성서는 광야에서 유랑의 생활을 통해 이스라엘이 하나님의 말씀을 지키며 그를 경외하는 삶을 살아갈 수 있게 하기 위하여 사십 년간의 광야생활을 허락하셨다고 말합니다. 우리가 고난 속에서 하나님과 만났다면 그것으로 믿음의 생활이 끝나는 것이 아니라 하나님의 온전한 사람이 되기 위해서 광야와 같은 시험과 훈련의 삶이 우리의 인생에서 반드시 필요함을 이스라엘의 광야생활은 말하고 있습니다. 물론 그 광야생활은 가나안으로 들어가기 위한 일시적인 준비의 여정이기 때문에 최종 목적지는 약속의 땅인 가나안이 될 것입니다. 그곳에서 더 큰 자유와 행복을 얻게 될 것입니다.

2. 약속의 땅으로의 정복과 이주

가나안 땅이 구약성서에서 중요한 의미를 갖는 것은 그곳이 하나님에 의해 조상들에게 약속된 땅이었고 아브라함의 자손들이 그 땅을 차지하리라는 하나님의 약속에 있었습니다. 신실하신 하나님은 광야에서 이스라엘 자손의 완악함에도 불구하고 그 약속을 지키셨고, 가나안 땅은 하나님의 은혜의 선물로써 이스라엘 자손들에게 주어집니다. 신명기서는 이 가나안 땅을 밀과 보리와 포도와 무화과와 석류와 감람나무와 꿀과 철과 구리가 풍부한 옥토로 그리고 '젖과 꿀이 흐르는 땅'으로 부릅니다. 그러나 실제로 팔레스타인 지역에 자연자원이 부족한 것을 고려할 때 성서가 가나안 땅을 이렇게 부르는 것에 대해 성서학자들은 그 땅이 하나님께서 이스라엘에게 주신 은혜의 선물이기 때문으로 보고 있습니다.[*]

이스라엘 백성이 어떻게 가나안 땅으로 진입해왔는가에 대해서는 학문적으로는 여러 가지 학설이 있습니다. 학자들은 성서와 당시의 정치사회적 상황과 고고학적 증거 등을 통해 점진적 이주설과 정복

---

[*] 장일선,《구약신학의 주세》, 204-205.

설, 농민봉기설과 자생설 등 다양한 견해들을 주장합니다. 성서에 기반하고 있는 두 가지 견해를 살펴보면, 점진적 이주설은 이스라엘의 가나안 성착을 여러 세대에 걸친 점진적인 침투 또는 이주로 봅니다. 사사기서 1장 1절에서 2장 5절에 따르면 유다, 베냐민, 에브라임, 므낫세, 스불론 등 이스라엘 각 부족이 독자적으로 여러 세대에 거쳐 가나안으로 점진적으로 들어오는 것으로 말하고 있습니다. 정복설은 여호수아서의 기록에 기초합니다. 여호수아서에 따르면 여호수아가 온 이스라엘을 동원하여 신속하게 가나안 남부 지역 일대를 다 정복한 것으로 나오고 원정의 결말에서는 가나안 온 땅을 점령한 것으로 나옵니다. 오늘날 발굴된 기원전 13세기의 고고학적 증거들은 위의 견해들이 부분적으로 타당하다고 알려주지만 어느 한쪽 견해를 전적으로 지지하고 있지는 않습니다. 그런 점에서 이스라엘의 가나안 땅 정착에 관한 성서의 기술은 가나안 진입이라는 역사적 사실들과 후대의 사가들에 의한 신앙고백적 측면들이 결합되어 서술되어 있다고 보아야 합니다.

이스라엘의 가나안 진입에서 신학적으로 중요한 것은 가나안 정복의 성격에 관한 것입니다. 여호수아서는 가나안 정복이 이스라엘의 전쟁이 아니라 하나님의 '거룩한 전쟁'(the Holy War)이며 승리는 전적으로 하나님과 맺은 계약에 대한 순종, 즉 율법을 지키는 데에 있음을 말하고 있습니다. 여리고성 전투에서 볼 수 있는 것과 같이 이스라엘의 가나안 정복전쟁은 하나님이 주도하고 이스라엘 백성을 대신하여 싸우시는 야훼의 전쟁이었습니다. 이스라엘 백성이 해야 하는 것은 토라에 대한 충성이었습니다. 모세가 죽은 뒤 가나안 진입을 앞둔 이스라엘의 지도자 여호수아에게 하나님은 "이 율법책을 네 입에서 떠나지 말게 하며 주야로 그것을 묵상하여 그 안에 기록된 대로 다 지켜 행하라 그리하면 네 길이 평탄하게 될 것이며 네가 형통하리라"(여호수아 1:8)고 말씀합니다. 실제로 가나안 땅 정복에서 전쟁의 승패는 칼과 활과 같은 군사적 힘의 우위에 의해 결정된 것이 아니라 하나님과의 언약에 대한 순종에 의해 결정되었습니다. 여호수아 7장에 나오는 아이 성 전투의 패배 원인은 하나님과의 계약을 어긴 아간의 죄에 있었기 때문에, 가나안 땅을 차지하기 위해 이스라엘 백성은 다시 거룩함을 회복하고 하나님의 말씀에 충실해야 했습니다.

여호수아서가 가나안 정복에서 강조하고 있는 것은 가나안 땅에서 거짓된 신들인 우상을 제거하고 하나님과의 언약적 충실성을 유지하며 거룩하고 성결한 삶을 살아가는 것이었습니다. 또한 강하고 담대한 마음으로 하나님의 율법을 가까이 하며 좌로나 우로나 치우지지 않고 율법을 지켜 행하는 것이었습니다. 그렇게 하나님의 말씀을 지키고 앞으로 진군해 나아갔을 때 이스라엘은 약속의 땅인 가나안 땅을 차지할 수 있었습니다. 마침내 아브라함의 후손이 땅을 차지하리라는 하나님의 약속이 성취됩니다. 이러한 여호수아서의 내용은 오늘날 구원의 시각에서 하나님을 믿는 사람들에게 하나님의 나라

(천국)의 확장에 관한 메시지를 전하고 있다고 여겨집니다. 구약성서에서 가나안은 내세에 가는 땅이 아니라 역사 안의 현실의 땅의 의미로 사용됩니다. 그런 점에서 가나안 땅 정복은 신앙인들의 삶에서 현재적인 하나님의 나라를 구하고 그것을 겨자씨와 누룩과 같이 확장해가는 모습으로, 즉 하나님의 주권적 통치가 확장해가는 것으로 볼 수 있습니다. 하나님의 나라를 구하고 그것을 확장해가는 것은 이 지상에서 돈과 권력 등 다양한 거짓된 신들인 우상들과의 싸움이며, 그러한 죄악과의 전쟁에서 승리하고 거룩한 공동체를 확장해나갈 수 있는 것은 하나님과의 언약관계 안에서 담대한 마음으로 하나님의 말씀을 지키며 자신과 공동체를 거룩하게 변화시키는 것에 있습니다. 그러한 영적 전쟁의 주도자는 하나님이시며 인간의 의무는 순종하며 나아가는 데에 있는 것입니다.

3. 사사 시대

여호수아 – 사사기 – 사무엘상하 – 열왕기상하의 연속적인 이스라엘의 역사서들이 신명기서의 시각에서 서술되었기 때문에 이들 책을 신명기(Deuteronomy) 역사서라고 부릅니다. 신명기 역사는 하나의 질서를 따르는데, 이스라엘의 흥망성쇠는 하나님에 대한 순종과 불순종에 달려 있다고 봅니다. 즉 야훼 하나님께 순종하면 번영과 평화가 따르고, 반면 순종하지 않으면 패배와 고난이 따른다는 것입니다. 이러한 역사적 교훈은 역사적인 사건들을 통해 주기적으로 반복되는데, 대표적으로 사사기 2장 6절-3장 6절에 요약되어 있습니다.

(1) 이스라엘은 하나님 아닌 바알과 아스다롯과 같은 가나안의 신들을 섬김으로써 악을 행하고 하나님을 진노하게 합니다(2:11-13).

(2) 하나님의 진노가 그들에게 맹렬하여 이스라엘은 대적들과의 싸움에서 패배하고 그들에게 압제를 당하는 형태로 하나님의 재앙을 경험합니다(2:14-15).

(3) 고통으로 이스라엘 백성이 회개하고 부르짖으면, 하나님께서는 사사를 세우셔서 이스라엘 백성들을 구원하십니다(2:16, 18).

(4) 그러나 이스라엘 백성은 사사에게도 순종하지 아니하거나 사사가 죽은 후에 더욱 타락하여 이방신을 섬기며 악한 길을 갔으므로 하나님의 진노와 패배를 경험합니다(2:17, 19-23). 즉, 타락 – 패배 – 부르짖음 – 구원의 신명기적 순환구조가 반복되어 나타나며, 사사기서의 이야기의 핵심은 하나님의 이스라엘의 구원 이야기에 초점을 맞춥니다.

이스라엘은 가나안 정착 이후 실로의 중앙성소의 야훼 신앙을 중

심으로 하는 독립적인 12지파 동맹체제를 형성합니다. 이러한 동맹
체제의 이스라엘 지도자를 사사(Shofet)라고 불렀는데, 사사기는 12
명의 사사 — 니엘, 에훗, 삼갈, 드보라, 기드온, 돌라, 야일, 입다, 입
산, 엘론, 압돈, 삼손 — 가 이스라엘을 어떻게 다스렸는가에 대해 기
록하고 있습니다. 사사들은 각 지파의 지도자들이었습니다. 외부의
군사적 침입이 있었을 때 군사 지도자의 역할을 했고 법적인 문제를
판단하는 재판관의 역할을 하기도 했으며, 각 지파들 사이의 중재자
역할을 하였으나 이들은 이스라엘 전체의 지도자는 아니었습니다.
이러한 사사들의 사회적 신분은 다양하였는데 드보라는 여성이었고,
기드온은 므낫세 지파 중 약한 가문 출신이었으며, 입다는 기생 출신
의 어머니에게 낳아서 집안에서 천대를 받았던 사람이었습니다. 그
들이 사사가 될 수 있었던 것은 하나님의 영이 임하여 그들을 지도
자로 세웠기 때문이었고 그들은 카리스마적 지도자로서 위기에 처
한 이스라엘을 구한 영웅들이었습니다.

　사사 시대는 기본적으로 야훼 하나님 신앙을 중심으로 하는 신정
정치체제이며 이스라엘 전체를 다스리는 강력한 통치자가 없는 정
치체제였습니다. 그러나 이스라엘의 마지막 사사인 사무엘 시대에
들어 200년간 이어졌던 이러한 종교적 지파동맹체제와 사사제도는
강력한 위협을 받게 됩니다. 사무엘은 뛰어난 선지자로서 이스라엘
에서 추앙을 받았고 재판관으로서 백성들 사이의 분쟁을 중재하였
으며 제사장의 역할을 하였습니다. 그러나 당시 그의 시대에는 가나

안 땅 서부 해안에 정착한 해양민족인 블레셋 인들이 하나님의 언약궤를 빼앗아 실로에서 아스돗으로 옮겨가는 일이 발생할 정도로 외부 민족들의 침입이 빈번하였습니다. 특히, 사무엘서에는 사무엘의 아들들이 사사직을 세습하여 재판을 하는 것이 나옵니다. 이들은 아버지와 달리 이익에 따라 뇌물을 받고 재판을 굽게 하는 일을 자행하였습니다. 이러한 상황에서 이스라엘의 장로들이 사무엘에게 이방 나라들과 같이 왕을 세워줄 것을 요구합니다. 그러나 하나님과의 계약에 근거한 이스라엘 사회에서 왕을 요구하는 것은 충격적인 일로 사무엘은 왕정제도가 가질 문제점들 — 군대의 강제징집과 관료제도와 세금징수와 부역과 같은 백성들에 대한 억압 등 — 에 관해 분명히 경고합니다. 그럼에도 불구하고 백성들이 왕을 요구하자 하나님은 사무엘을 통하여 왕을 세우라고 허락하십니다. 그리하여 이스라엘의 초대 왕으로 뽑힌 인물이 바로 사울입니다. 이제 이스라엘은 종교적인 지파동맹체제에서 강력한 왕이 통치하는 왕정제도로 변화하게 됩니다.

제 6 장

이스라엘 왕정과 다윗 계약

1. 다윗과 다윗 계약

이스라엘 왕정의 최초의 왕은 사울 왕이었지만, 하나의 통일된 국가체제로써 세습적 왕정국가가 성립되는 것은 다윗 왕 때부터입니다. 다윗의 세습적 왕권 확립을 통하여 이후 400여 년 이상 이어지는 이스라엘 국가가 성립됩니다. 다윗은 이새의 막내아들로 태어난 베들레헴 출신의 목동이라는 비천한 신분으로 이스라엘의 가장 위대한 왕이 된 입지전적인 인물이었습니다. 그는 용맹한 군인이었고 아름다운 시를 지은 시인이었으며, 노래와 춤을 즐긴 예술가였고 통치능력이 뛰어난 정치가였습니다. 그는 목표를 향한 불굴의 의지를 지닌 인물이었고 언변이 좋고 인간관계에서도 도량이 넓은 인물이었습니다. 하지만 그의 권력에 대한 강한 야심과 욕망은 그를 최고의 자리에 오르게 하였으나 그를 또한 절망의 나락으로 떨어뜨리게 됩니다.

　사울 왕의 하나님 앞에서의 실패 가운데 소년 다윗은 사사 사무엘을 통하여 하나님의 기름부음을 받아 이스라엘의 새로운 왕으로 선택됩니다. 사무엘상 16장은 다윗의 용모가 빛이 붉고 눈이 빼어나고 얼굴이 아름다웠고 하나, 하나님은 무엇보다도 그의 외모가 아닌 그의 마음의 중심을 보시고 작은 자인 다윗을 선택하셨다고 성서는 기록하고 있습니다. 다윗이 이스라엘 역사의 전면에 등장해 거둔 첫 공적은 블레셋의 장군인 거인 골리앗에게 승리한 사건입니다. 키가 3m나 되고 온몸을 놋으로 만든 투구와 갑옷으로 중무장한 골리앗은 이스라엘을 모욕하였으나 이스라엘 사람 중 어느 누구도 그에게 대항하지 못하고 떨고 있었습니다. 이에 소년 다윗이 전쟁에서 이기고 지는 것은 하나님께 속한 것(사무엘상 17:47)이라는 믿음에 의지하여 돌을 무릿매로 던져 골리앗의 이마를 맞추어 골리앗을 죽입니다. 이 사건으로 이스라엘의 영웅이 된 다윗은 "사울이 죽인 자는 천천이요 다윗은 만만이로다"(사무엘상 18:7)라는 찬가를 듣게 되지만, 이로 인해 사울 왕의 질시의 대상이 됩니다. 다윗은 왕궁에서 사울 왕을 섬기게 되지만 사울의 다윗에 대한 박해는 점점 심해져서 다윗은 사울의 궁중을 탈출하여 광야와 산으로 숨어 다니게 됩니다. 성서는 광야에서 다윗이 사울을 죽일 기회가 있었는데 살려준 두 번의 이야기(사무엘상 24, 26장)와 아비가일과의 이야기(사무엘상 25장) 등을 통해 다윗의 인격의 훌륭함을 보여줍니다. 사울 왕이 블레셋과의 전투에서 죽은 뒤 다윗은 헤브론에서 유다 지파의 왕이 되고, 그는 사울의 후계자인 이스보셋과의 싸움에서 승리해 온 이스라엘의 왕이 됩니다.

이스라엘의 왕이 된 뒤 다윗은 남과 북의 중립적인 지역에 있던 예루살렘을 수도로 삼고 블레셋과의 전투에서 크게 승리합니다. 다윗의 이러한 정치적 확장과 성공에 대해 성서는 "만군의 하나님 여호와께서 함께 계시니 다윗이 점점 강성하여 가니라"(사무엘하 5:10)고 말하며 블레셋과의 전투에서도 하나님께 여쭈어 보고 그 명령에 순종하여 승리할 수 있었음을 강조합니다. 다윗이 하나님의 법궤를 다윗 성, 즉 예루살렘으로 옮김으로써, 예루살렘은 이스라엘의 정치적·종교적 중심지가 됩니다. 사무엘하 8장은 다윗이 블레셋을 완전히 굴복시키고 모압을 조공국으로 만들고 소바 왕 하닷에셀과 시리아와 에돔을 정벌하였다고 기록하고 있습니다. 이러한 다윗의 군사적 승리와 영토 확장에 대해 성서는 "다윗이 어디로 가든지 여호와께서 이기게 하셨더라"(사무엘 8:14)고 말하며 다윗의 성공을 하나님께서 함께 하셨기 때문이라고 기록합니다. 이 시기 다윗의 통치에 있어 성서는 "다윗이 온 이스라엘을 다스려 다윗이 모든 백성에게 정의와 공의를 행하였다"(사무엘하 8:15)고 기록하여 다윗의 정치적 통치가 이방 국가들과 달리 정의와 공의에 의해 이루어졌음을 그리고 사울의 손자인 므비보셋에게 베푼 은총과 인자를 통해 그의 인격적 통치의 모습을 강조하고 있습니다.

신학적인 면에서 다윗은 성서 전체에서 매우 중요한 역할을 하는데, 그것은 사무엘하 7장에 나오는 예언자 나단을 통한 하나님과의 계약을 통해서입니다. 다윗은 나단에게 하나님의 성전을 지을 계획을 말하였는데, 그날 밤 하나님은 나단을 통해 다윗에게 성전을 건축하는 것을 거절하시고 이스라엘과 다윗 가문에 무조건적인 은총을 베푸십니다.

"네 수한이 차서 네 조상들과 함께 누울 때에 내가 네 몸에서 날 네 씨를 네 뒤에 세워 그의 나라를 견고하게 하리라/ 그는 내 이름을 위하여 집을 건축할 것이요 나는 그의 왕위를 견고하게 하리라/ 나는 그에게 아버지가 되고 그는 내게 아들이 되리니 그가 만일 죄를 범하면 내가 사람의 매와 인생의 채찍으로 징계하려니와/ 내가 네 앞에서 물러나게 한 사울에게서 내 은총을 빼앗은 것처럼 그에게서 빼앗지는 아니하리라/ 네 집과 네 나라가 내 앞에서 영원히 보전되고 네 왕위가 영원히 견고하리라 하셨다 하라"(사무엘하 7:12-16).

예언자 나단을 통해 다윗에게 한 이 계시는 다윗의 왕위를 견고하게 하실 것이며 다윗 왕조가 영원히 계속될 것임을, 즉 하나님의 무조건적인 은총을 강조하고 있다. 동시에 죄를 범하면 매와 채찍으로 징계하신다는 말씀을 통해 하나님의 공의의 심판을 이야기하고 있습니다. 나단을 통한 이 다윗 계약은 신학적으로 매우 중요한데, 이 다윗 계약은 유대인들의 메시아 사상(Jewish Messianism)의 토대가 되었기 때문입니다. 역사적으로 다윗 왕가는 기원전 586년에 끝이 납니다. 결국 다윗에게 행한 하나님의 말씀인 "네 집과 네 나라가 내 앞에서 영원히 보전되고 네 왕위가 영원히 견고하리라"는 약속은 다윗의 후손으로 오는 메시아이신 나사렛 예수를 통하여 성취됩니다.

사무엘하 11장 이하는 다윗의 범죄와 그 결과로 인한 몰락을 다루고 있습니다. 암몬과의 전쟁으로 인해 온 이스라엘 군대가 출전하였는데, 다윗은 왕궁 옥상에서 휴식을 취하다가 목욕하던 여인 밧세바에게 사랑에 빠져 그녀와 동침합니다. 밧세바는 임신을 하게 되고 이 사실을 숨기려 했던 다윗은 밧세바의 남편이자 자신의 충직한 군인이었던 우리야를 죽입니다. 계속된 성공으로 인해 승승장구하던 다윗의 욕망의 무절제와 제어되지 않은 권력은 간음죄에 더하여 살인과 도둑질의 죄를 지게 만듭니다. 이 사건에 관해 성서는 "다윗이 행한 그 일이 여호와 보시기에 악하였더라"(사무엘하 11:27)고 기록합니다. 결국 이 일로 인해 예언자 나단을 통해 하나님은 태어난 아이의 죽음과 다윗의 자식들 간의 골육상쟁과 반란과 수치와 같은 재앙들이 계속될 것임을 경고합니다. 나단의 예언대로 다윗 집안에서는 근친간의 성폭행과 살인 그리고 아들의 아버지에 대한 권력투쟁과 다윗의 후궁들의 능욕들이 연이어 일어납니다. 다윗은 계명을 어긴 자신의 죄의 결과를 톡톡히 받습니다.

성서는 다윗이 신앙의 사람으로 자신의 죄를 회개할 줄 알았고 하나님께 헌신적인 사람이었다고 말합니다. 예언자 나단이 다윗의 죄에 대해 책망하였을 때 그는 "내가 여호와께 죄를 범하였노라"(사무엘하 12:13)고 회개하였고, 인구를 조사한 후에도 스스로 양심에 가책을 받아 "종의 죄를 사하여 주옵소서"(사무엘하 24:10)라고 참회의 기도를 드립니다. 다윗은 주변 국가들을 복속함으로써 이스라엘 제국을 건설하였지만 그는 하나님을 경외함으로 공의와 정의로 모든 사람을 다스리고자 하였습니다(사무엘하 23:3). 그러나 그의 성과 권력에 대한 욕망의 추구와 가장으로서의 실패는 그의 왕정 후반기를 칼과 배반의 비극으로 바꾸어놓습니다.

2. 솔로몬과 남북의 분열

다윗의 왕권을 물려받은 것은 여러 아들 중 밧세바와의 사이에서 태어난 솔로몬이었습니다. 솔로몬의 통치시대에 유다와 이스라엘의 인구가 바닷가의 모래와 같이 많게 되었고 그 강역이 유프라테스 강에서 블레셋 영토와 이집트에 이르렀다고 성서는 기록하고 있습니다(열왕기상 4:20-21). 정치적으로 안정과 평화를 누렸으며 하나님이 아브라함과 족장들에게 하신 약속이 성취되었던 시대였습니다. 많은 사람이 솔로몬을 지혜의 왕으로 기억합니다. 열왕기상 3장은 솔로몬이 기브온에서 1천 번제를 드린 뒤에 하나님께서 그의 꿈에 나타났다고 말합니다. 꿈속에서 솔로몬은 듣는 마음과 선악을 분별하는 지혜를 구하게 되고 하나님은 이를 좋게 보셔서 그에게 지혜롭고 총명한 마음과 함께 부귀와 영광을 주셨다고 합니다. 솔로몬은 13년 동안 자신의 왕궁을 준공하였고 여러 성읍을 건축하였으며, 병거성과 예루살렘에 병거 1,400대와 마병 12,000명을 두었습니다. 그는 이스라엘의 열두 지방을 관장하는 중앙집권적 관료체제를 통해 매년 한 달에 한 번씩 왕실에 필요한 물품을 번상하게 하였는데 금 666달란트의 세입금과 상인들로부터의 세금과 무역을 통한 수입으로 크게 부요하였고, 금으로 만든 큰 방패 200개와 작은 방패 300개를 레바논 나무 궁에 두었으며 그가 쓰는 모든 그릇은 금으로 만들어졌다고 합니다. 이러한 건축과 군대의 유지와 화려한 생활을 위해 백성들은 많은 세금을 감당하여야 했고 무보수의 노역에 시달려야 했습니다.

시간이 흐르면서 솔로몬의 지혜는 퇴색하는데 솔로몬은 700명의 후궁과 300명의 첩을 거느렸으며, 특히 이방 여인들을 좋아하였다고 합니다. 이 이방 여인들은 자기의 신들을 왕궁에서 섬겼고 솔로몬은 그들을 따라 함께 제사를 드리며 종교적 혼합주의에 빠집니다. 솔로몬은 하나님의 두 차례 경고에도 불구하고 돌이키지 않았으며 이러한 우상숭배는 국가 분열의 한 원인이 됩니다. 솔로몬 시대 말기에는 정치적 안정과 평화 대신 주변 국가인 에돔과 시리아가 이스라엘을 괴롭혔으며, 솔로몬의 신하였던 에브라임 지파 출신의 여로보암이 반역을 일으킵니다.

솔로몬이 죽고 난 뒤 이스라엘은 분열되는데 국가 분열의 주요한 원인은 솔로몬 시대의 백성들에 대한 과도한 세금과 부역에 있었습니다. 솔로몬의 죽음 이후 북쪽 지파들은 솔로몬 시대의 과도한 고역과 멍에를 가볍게 해주기를 요구합니다. 그러나 솔로몬의 아들인 후계자 르호보암은 백성들을 섬기는 자세로 백성들의 요구를 들어주라는 원로들의 충고를 무시하고 오히려 백성들의 멍에를 더욱 무겁게 하고 전갈채찍으로 다스리겠다고 백성들을 위협합니다. 결국 북쪽 지파들은 독립하여 여로보암을 새로운 왕으로 삼습니다. 그리하여 120년간의 통일된 이스라엘 왕정은 북쪽의 10개 지파의 이스라엘 왕국과 남쪽의 유다와 베냐민 지파의 유다 왕국으로 분열됩니다.

신학적으로 솔로몬 시대에 있었던 중요한 일은 성전 건축을 통한 봉헌입니다. 성전 봉헌 후 하나님은 솔로몬에게 다시 나타나셔서 시내산 계약을 다시 확인하여주십니다. 즉, 하나님의 명령에 대한 순종과 법도와 율례를 지키면 이스라엘의 왕위가 영원히 견고하게 되겠지만 하나님의 계명과 법도를 지키지 않고 우상을 섬긴다면 이스라엘이 멸망할 것이요 거룩하게 구별한 성전도 허물어질 것임을 말씀하십니다(열왕기상 9:5-9). 이를 통해 성서가 말하는 것은 성전과 성전에서 행하는 종교적 의례가 인간의 죄를 가릴 수 있는 종교적인 안전장치가 될 수 없다는 것입니다. 진정으로 중요한 것은 야훼 하나님의 말씀과 계명을 충실히 따르고 순종하는 것에 있습니다. 그러나 성전을 건축한 솔로몬 자신도 하나님과의 계약에 충실하지 못하였고 솔로몬 시대 후반 균열 조짐을 보이던 이스라엘은 그 다음 대에 이르러 작은 두 나라로 분단되고 맙니다.

3. 이스라엘과 유다

북쪽의 10개 지파의 추대로 왕이 된 여로보암 1세에 의해 시작된 북이스라엘은 남쪽의 유다 왕국과 같이 세습적 왕조국가가 계속되지는 못하였습니다. 오히려 왕정은 자주 혁명과 쿠데타에 의해 교체되었고 이러한 정권의 교체에는 예언자들이 중요한 역할을 하였습니다. 이스라엘의 수도는 여로보암 1세 시대의 세겜과 브누엘에서 오므리 왕조시대에는 사마리아로 옮겨졌습니다. 여로보암 1세 시대 이후 왕이 자주 바뀌는 정치적 불안정을 극복하고 들어선 오므리 왕조는 오므리 시대 이전에 잃었던 영토를 넓히고 왕국의 명성을 되찾았습니다. 오므리의 아들인 아합 왕 시대에는 무역을 통해 경제적 부는 증가하였지만 바알 숭배와 아세라 종교가 대중화되면서 엘리야와 같은 예언자에 의해 그 잘못을 규탄받게 됩니다. 성서는 아합 왕이 다른 어떤 이스라엘의 왕들보다도 더 큰 악을 범한 왕으로 기록하고 있습니다. 오므리 왕조는 예후의 혁명에 의해서 무너지고 예후 왕조의 여로보암 2세 시대에 이스라엘은 과거 솔로몬 시대의 영토를 재회복하고 정치적 안정과 경제적 부흥을 누립니다.

그러나 외형적인 안정과 달리 그 당시 이스라엘 사회는 경제적 양극화로 빈부격차가 심화되고 서민계층에 대한 착취와 억압으로 인해 사회적 불의가 커지며 정의가 실종되고 있었습니다. 야훼종교와 이방종교의 혼합주의적 성격 속에서 종교는 타락하고 우상숭배는 도덕성의 상실을 불러옵니다. 결국 그 당시 활약했던 호세아와 아모스 같은 예언자들의 예언대로 여로보암 2세 시대의 전성기가 끝나자마자 26년간 6명의 왕들이 바뀌는 정치적 격변이 일어났고, 당시 중동의 패자였던 앗시리아의 사르곤 2세가 침입하면서 앗시리아 군대에 의해 이스라엘의 수도인 사마리아는 붕괴합니다. 당시 앗시리아 제국의 식민정책에 따라 앗시리아에 끌려간 이스라엘 포로들은 중근동 각지로 흩어지고 이방민족들이 사마리아를 비롯한 이스라엘 지역에 정착함으로써 이스라엘 지역에는 남아 있던 이스라엘인들과 이방인들이 혼혈된, 민족적 정체성을 상실한 사마리아인들이 새롭게 형성됩니다.

남쪽의 유다와 베냐민 지파를 중심으로 한 유다 왕국은 북쪽의 이스라엘에 비하여 국력은 약하였지만 다윗 왕조에 의해 왕위가 계승되었고 상대적으로 정치적인 안정을 누렸습니다. 유다는 웃시야 왕 (기원전 783-742) 시대에 경제적·군사적으로 국력이 절정에 달하는데,

유다는 이스라엘이 멸망한 후에도 130년 이상을 지속합니다. 북 왕
국 이스라엘의 사마리아가 몰락한 이후에 유다는 야훼신앙을 새롭
게 하는데 당시 유다의 왕이었던 히스기야는 종교개혁을 단행하여
지방의 산당들을 제거하였고 주상들을 부수고, 아세라 목상과 모세
시대의 구리 뱀을 제거하였습니다. 유다의 이러한 종교개혁은 요시
야 왕 시대에 더 철저하게 이루어져 이방의 우상과 제사장들을 폐하
고 지방의 산당들과 베델의 제단을 헐어버리고 유월절을 준수하였
습니다. 유다의 종교개혁은 당시 중근동의 정치적 패권을 잡고 있었
던 앗시리아 세력에 대한 저항과 관련되는데, 요시야 왕의 갑작스런
죽음 이후에 유다는 정치적 혼란에 빠집니다. 요시야 사후 유다는 6
년간 이집트의 종속국이 되었다가 신바빌로니아가 중근동의 패자가
되면서 그에 종속됩니다. 유다의 마지막 왕인 시드기야는 신바빌로
니아에 반역을 공모하다가 586년에 예루살렘이 함락되고 왕궁과 성
전은 불타버리고 많은 유다 백성이 포로로 잡혀가게 됩니다.

제 7 장

성서와 지혜

성서에는 지혜란 무엇이며 지혜로운 삶이란 어떠한 삶인가에 관한 여러 편의 지혜문학이 있습니다. 성서의 대표적인 지혜서로는 욥기와 잠언과 전도서 또는 아가서를 들 수 있습니다. 이 장에서는 잠언과 전도서를 중심으로 하여 성서가 말하는 지혜로운 삶이란 무엇인가를 살펴보고자 합니다.

1. 지혜와 지혜로운 삶이란 무엇인가?

일반적으로 지혜(wisdom)의 의미를 "좋은 선택과 결정을 하는 능력"으로 이야기합니다. 우리가 어떠한 선택과 결정을 하는 것은 우리의 삶을 좌우하게 되고 그것이 우리 삶의 역사가 됩니다. 그렇기 때문에 좋은 선택과 결정을 하는 것은 참으로 중요합니다. 또한 지혜는 "심오한 이해와 깊은 통찰력을 특징으로 하는 마음의 상태"로 흔히 이해합니다. 좋은 선택과 결정을 하려면 사물과 상황에 대한 깊은 이해가 필요합니다. 그러한 심오한 이해에서 통찰력이 나옵니다.

"지혜를 소유한 사람은 특정성에 대한 시각과 그 특정함 안에서 상호관계의 미묘함을 잃지 않으면서 그 상황에 대한 더 큰 시각을 견지하는 사람"입니다. 어려운 말인 것 같지만, 숲을 보지 않고 나무만 본다는 말을 떠올리면 쉬울 것입니다. 즉, 나무와 같은 특정성에 대한 시각도 중요하지만 숲에 있는 수많은 나무 사이의 상호관계의 미묘함을 알면서도 더 큰 상황인 숲을 바라볼 수 있어야 지혜롭다는 것입니다. 지혜란 상황의 복잡성과 사람들과 사물들 사이의 관계가 유사하게 반복되지만 항상 같지는 않다는 것을 인식하는 것입니다. 세상일은 많은 경우에 유사하게 반복됩니다. 그렇지만 항상 똑같지는 않습니다.

지혜로운 삶을 살아가는 것은 인생의 혼란과 어두운 국면을 이겨내는 방법과도 깊이 관련되고, 그것에는 인간의 깊은 성찰적·숙고적 능력만이 아니라 정서적 측면도 중요하게 작용합니다. 인생은 밝고 좋을 때도 있습니다. 이럴 때 대부분의 사람은 잘 대처를 합니다. 그렇지만 삶이 어둡고 혼란스러울 때는 사람들마다 대처하는 방법이 큰 차이가 납니다. 지혜는 그러한 혼란과 어두움을 대처하는 방법과 깊이 연관됩니다. 우리가 지혜롭게 살기 위해서는 깊이 생각하고 숙고할 수 있어야 합니다. 그리고 지혜로운 삶(the living of wisdom)을 살아가기 위해서는 정서적인 안정과 마음의 평화가 중요합니다.*

세상에서 "인간의 지혜는 성공적으로 그리고 조화롭게 살기 위하여 이 세상에 대한 통찰력을 갖는 것"이라고 할 수 있으나, 성서의 지혜는 "창조의 선함을 확인하고 물질적 의미에서의 선한 삶이 도덕적 의미에서의 선한 삶"과 조화를 이루어야 한다고 봅니다.** 성서의 지혜는 하나님의 창조세계와 질서를 긍정적으로 봅니다. 창세기 1장에서 언급하였던 것과 같이 이 세계의 창조는 하나님 보시기에 좋게, 즉 선하고 아름답게 이루어졌다는 것입니다. 그러한 창조세계에서의 삶이 물질적 의미에서의 선한 삶, 즉 인간이 부유해지고 자식을 낳고 장수하고 성공하는 삶이 도덕적 의미에서의 선한 삶, 즉 하나님의 공의와 정의와 정직을 따르는 삶과 조화를 이루어야 지혜로운 삶이라고 성서는 말합니다.

---

* 이 단락의 지혜에 대한 여러 정의는 존 패튼의 《영혼돌봄의 목회》, 20-21을 인용 참고하였음.
** *Ibid.*, 21.

2. 잠언에서 발견한 지혜

잠언을 기록한 이스라엘의 지혜자들은 창조세계와 인간 삶에 대한 탐구와 성찰을 통해 발견할 수 있는 하나님의 질서(우주의 근원적 질서)가 있다고 생각했습니다. 지혜자들은 이러한 창조질서와 조화롭게 사는 것은 부유함과 성공과 장수와 의미 있는 삶과 같은 결과를 가져다주고, 반면 이에 거역하는 것은 재난을 초래한다고 여겼습니다.* 잠언의 지혜자들은 이러한 인간 삶의 질서를 근면과 절제, 마음 다스림과 분별, 공의와 정직과 같은 것으로 보았으며, 지혜로운 삶은 질서(삶의 원리)에 대한 훈련을 통하여 얻어질 수 있다고 생각하였습니다.

잠언의 지혜는 세속적 삶에서의 지혜를 강조하는 세속적 지혜와 하나님과의 관계에 대해 말하는 신학적 지혜로 이루어져 있다고 할 수 있습니다. 잠언의 서론이 끝나는 10장 이하의 솔로몬의 잠언에는 600개에 이르는 많은 금언(경구)들이 나옵니다. 잠언에 나오는 이러한 금언들의 주제는 근면과 절제와 분별과 말의 신중함과 마음의 중요성과 인간관계 등을 강조하고 있습니다. 구약성서학자인 제임스 크렌쇼(James Crenshaw)는 잠언의 주제를 인간 삶의 안전과 인간 삶의 위협으로 구분하고, 인간 삶을 안전하게 하는 행동으로 부모에 대

---

* 버나드 앤더슨, 《구약성서 이해》, 691.

한 순종과 책망과 자제력(혀를 다스리는 일)과 감정을 억제하는 것과 좋은 결혼과 관대함을 말하며, 인간 삶을 위협하는 것으로 간음, 술취함, 게으름, 험담을 말합니다.*

신학적 지혜에서 가장 핵심이 되는 것은 야훼 하나님을 경외하는 것이라고 할 수 있습니다. 경외란 문자적으로는 두려움이지만 더 깊은 뜻은 하나님을 존중하고 그분의 뜻에 순종하는 것을 의미합니다. 인간이 죄에 대해서는 하나님을 두려워하면서 하나님과 그분의 뜻을 존중하며 하나님의 뜻에 따르는 삶을 살아가고자 하는 것이 하나님을 경외하는 것입니다. 하나님을 아는 것, 즉 하나님에 대한 참된 지식도 하나님의 뜻에 순종하며 그 뜻에 따라 살아가는 과정에서 생긴다는 것입니다. 잠언과 전도서는 하나님에 대한 경외가 지혜의 근본이고 기초이며 시작이라고 말합니다.

근면을 강조하는 금언

"손을 게으르게 놀리는 자는 가난하게 되고 손이 부지런한 자는 부하게 되느니라"(잠언 10:4).

절제를 강조하는 금언

"연락을 좋아하는 자는 가난하게 되고 술과 기름을 좋아하는 자는

---

* 제임스 크렌쇼, 《구약지혜문학의 이해》, 110-121.

부하게 되지 못하니라"(잠언 21:17).

분별을 강조하는 금언

"타인을 위하여 보증이 되는 자는 손해를 당하여도 보증이 되기를 싫어하는 자는 평안하니라"(잠언 11:15).

말의 신중함을 강조하는 금언

"미련한 자는 교만하여 입으로 매를 자청하고 지혜로운 자의 입술은 자기를 보전하느니라"(잠언 14:3).
"두루 다니며 한담하는 자는 남의 비밀을 누설하나니 입술을 벌린 자를 사귀지 말지니라"(잠언 20:19).

절제와 부지런함을 강조하는 금언

"술 취하고 음식을 탐하는 자는 가난하여질 것이요 잠 자기를 즐겨하는 자는 해어진 옷을 입을 것임이니라"(잠언 23:21).

세속적 지혜와 신학적 지혜를 보여주는 금언

"많은 재물보다 명예를 택할 것이요 은이나 금보다 은총을 더욱 택할 것이니라"(잠언 22:1).

마음 다스림의 중요성을 말해주는 금언

"노하기를 더디 하는 자는 용사보다 낫고 자기의 마음을 다스리는 자는 성을 빼앗는 자보다 나으니라"(잠언 16:32).

"모든 지킬 만한 것 중에 더욱 네 마음을 지키라 생명의 근원이 이에서 남이니라"(잠언 4:23).

"사람의 심령은 그의 병을 능히 이기려니와 심령이 상하면 그것을 누가 일으키겠느냐(견디겠느냐)"(잠언 18:14).

신학적 지혜의 금언

"여호와를 경외하는 것이 지혜의 근본이요 거룩하신 자를 아는 것이 명철이니라"(잠언 9:10).

"공의로운 길에 생명이 있나니 그 길에는 사망이 없느니라"(잠언 12:28).

"가난한 사람을 학대하는 자는 그를 지으신 이를 멸시하는 자요 궁핍한 사람을 불쌍히 여기는 자는 주를 공경하는 자니라"(잠언 14:31).

"너의 행사를 여호와께 맡기라 그리하면 네가 경영하는 것이 이루어지리라"(잠언 16:3).

"사람이 마음으로 자기의 길을 계획할지라도 그의 걸음을 인도하시는 이는 여호와시니라"(잠언 16:9).

3. 전도서의 지혜

세상 일에서 때의 중요성

"범사에 기한이 있고 천하 만사가 다 때가 있나니/ 날 때가 있고 죽을 때가 있으며 심을 때가 있고 심은 것을 뽑을 때가 있으며… 울 때가 있고 웃을 때가 있으며 슬퍼할 때가 있고 춤출 때가 있으며/ 돌을 던져 버릴 때가 있고 돌을 거둘 때가 있으며 안을 때가 있고 안는 일을 멀리 할 때가 있으며/ 찾을 때가 있고 잃을 때가 있으며 지킬 때가 있고 버릴 때가 있으며"(전도서 3:1-2, 4-6).

세상에서 가장 중요한 것

"사람들이 사는 동안에 기뻐하며 선을 행하는 것보다 더 나은 것이 없는 줄을 내가 알았고/ 사람마다 먹고 마시는 것과 수고함으로 낙을 누리는 그것이 하나님의 선물인 줄도 또한 알았도다"(전도서 3:12-14).

말씀과 제물

"너는 하나님의 집에 들어갈 때에 네 발을 삼갈지어다 가까이 하여 말씀을 듣는 것이 우매한 자들이 제물 드리는 것보다 나으니 그들은 악을 행하면서도 깨닫지 못함이니라"(전도서 5:1).

인생의 두 가지 - 기쁨과 성찰

"형통한 날에는 기뻐하고 곤고한 날에는 되돌아 보아라 이 두 가지를 하나님이 병행하게 하사 사람이 그의 장래 일을 능히 헤아려 알지 못하게 하셨느니라"(전도서 7:14).

청년의 때

"너는 청년의 때에 너의 창조주를 기억하라 곧 곤고한 날이 이르기 전에, 나는 아무 낙이 없다고 할 해들이 가깝기 전에/ 해와 빛과 달과 별들이 어둡기 전에, 비 뒤에 구름이 다시 일어나기 전에 그리하라"(전도서 12:1-2).

전도서의 결론 - 하나님을 경외하라

"일의 결국을 다 들었으니 하나님을 경외하고 그의 명령들을 지킬 지어다 이것이 모든 사람의 본분이니라/ 하나님은 모든 행위와 은밀한 일을 선악 간에 심판하시리라"(전도서 12:13-14).

제 8 장

예언서
– 이스라엘의 멸망과 그 원인

　북쪽 지파들에 의해 세워진 이스라엘은 여로보암 1세로부터 마지막 왕인 엘라의 아들 호세아 왕까지 약 200여 년간 이어지다가 앗시리아의 침입을 받아 기원전 722년에 멸망합니다. 이스라엘의 멸망과 그 원인은 인류의 역사에서 많은 국가와 공동체가 패망하는 것과 유사합니다. 국가와 공동체의 흥망에는 원인이 있습니다. 이 장에서는 북이스라엘에서 활동했던 두 명의 하나님의 예언자인 호세아와 아모스를 통해 이러한 이스라엘의 멸망 원인들을 살펴보고자 합니다. 그것을 통해 국가와 공동체의 흥망성쇠를 생각해볼 수 있을 것입니다.

1. 이스라엘의 언약 파기와 윤리적 타락 – 예언자 호세아

호세아가 예언자로 활동을 시작하는 시기는 여로보암 2세가 이스라엘을 다스리던 때였습니다. 예언자 호세아는 자신의 고통스러운 결혼생활을 통해 하나님과 이스라엘 사이의 관계를 발견하는데, 그는 음란한 여인 고멜과 결혼하여 세 자녀를 낳습니다. 결혼 관계가 절대적이고 배타적이며 상호간 인격적인 것과 같이 하나님과 이스라엘 사이에 맺은 언약관계도 그러한 관계였지만, 이스라엘은 호세아의 아내 고멜과 같이 그 계약관계를 충실히 지키지 못했습니다. 예언자 호세아의 세 자녀 이름은 이러한 언약관계의 파기를 보여줍니다: 이스르엘(하나님이 씨를 뿌리다), 로루하마(긍휼히 여김을 받지 못하다), 로암미(내 백성이 아니다). 이스라엘은 하나님이 씨를 뿌리고 키우셨지만, 하나님과 맺은 계약에 충실하지 못했기 때문에 이제 하나님의 거부와 심판을 받게 됩니다.

예언자 호세아는 여로보암 2세 말 이후의 이스라엘 사회의 죄에 관해 말합니다. "이 땅에는 진실도 없고 인애도 없고 하나님을 아는 지식도 없고/ 오직 저주와 속임과 살인과 도둑질과 간음뿐이요 포악하여 피가 피를 뒤이음이라"(호세아 4:1-2). 특히, 그는 이스라엘 백성이 하나님을 아는 지식이 없어 망하게 되었다고 통탄합니다. 예언자 호세아는 이스라엘 사회가 그 어느 때보다 윤리적으로 타락하고 범죄가 증가하였음을 지적하며 그것은 이스라엘 백성이 하나님이 어떤 분이신지 모르고 그분의 계명을 모르기 때문이라고 강조합니다. 이러한 윤리적 타락과 도덕의 상실은 우상숭배와 깊은 연관을 맺고 있었습니다. 이스라엘 사회의 도덕적 타락은 이스라엘과 하나님 사이의 언약관계가 파기되고 있음을 보여줍니다.

"내 백성이 지식이 없으므로 망하는도다 네가 지식을 버렸으니 나도 너를 버려 내 제사장이 되지 못하게 할 거이요 네가 네 하나님의 율법을 잊었으니 나도 네 자녀들을 잊어버리리라"(호세아 4:6).

이에 예언자 호세아는 이스라엘 백성의 진정한 회개와 함께 하나님이 어떤 분인지 알 것을 요구합니다.

"오라 우리가 여호와께로 돌아가자 여호와께서 우리를 찢으셨으나 도로 낫게 하실 것이요 우리를 치셨으나 싸매어 주실 것임이라 … 그러므로 우리가 여호와를 알자 힘써 여호와를 알자 그의 나타나심은 새벽 빛 같이 어김없나니 비와 같이, 땅을 적시는 늦은 비와 같이 우리에게 임하시리라 하니라 … 나는 인애를 원하고 제사를 원하지 아니하며 번제보다 하나님을 아는 것을 원하노라"(호세아 6:1, 3, 6).

예언자 호세아는 이스라엘이 죄와 불의에 대한 회개를 통해 하나님께로 돌아와야 할 것과 하나님이 어떠한 분이시며 하나님이 그의 백성들에게 무엇을 요구하시는지, 즉 하나님을 알아야 함을 강조합니다. 분명 이스라엘은 하나님이 어떠한 분이신지 알지 못했기 때문에 하나님과 맺은 언약관계가 파기되고 있었습니다. 또한 제사와 번제와 같은 형식적인 종교 의례에 집착하기보다 하나님과의 언약관계에서 인애(hesed) 즉, 언약관계에 대한 변함없는 충실성을 보일 것과 하나님을 아는 것이 중요함을 주장합니다.

이스라엘을 향한 예언자 호세아의 호소는 계속됩니다. 그는 계속하여 이스라엘 백성이 그들의 죄악을 회개하고 하나님께로 돌아와 하나님의 뜻을 실천하는 윤리적 삶을 살아가기를 촉구합니다.

"이스라엘아 네 하나님 여호와께로 돌아오라 네가 불의함으로 말미암아 엎드러졌느니라/ 너는 말씀을 가지고 여호와께로 돌아와서 아뢰기를 모든 불의를 제거하시고 선한 바를 받으소서 우리가 수송아지를 대신하여 입술의 열매를 주께 드리리이다"(호세아 14:1-2).

이스라엘 사회는 타락과 죄악에서 벗어나 하나님의 뜻인 사랑과 공의와 정의를 실천하는 삶을 살아야 했고 그러할 때 그들은 멸망의 예고에서 벗어날 수 있었습니다. 그러나 그들은 우상숭배와 윤리적 타락에서 벗어나지 못했고 한 세대가 지나 멸망할 수밖에 없었습니다.

2. 우상숭배와 종교적 혼합주의

이스라엘의 가나안 땅 정착 이후 바알(Baal)과 아스다롯(Ashtarts)과 아세라(Asherah)로 대표되는 가나안의 신들을 숭배하는 종교적 혼합주의 문제가 심각하게 대두합니다. 종교적 혼합주의라고 말하는 것은 이스라엘 백성들이 그들이 출애굽과 광야에서 만난 야훼 하나님과 함께 가나안의 신들을 섬겼기 때문에 혼합주의라고 부릅니다. 야훼 하나님을 믿는 신앙과의 갈등 속에서도 이스라엘인들이 가나안 신들의 우상을 섬긴 것은 가나안의 종교적 문화가 주는 유혹이 있었기 때문입니다.

이러한 종교적 혼합주의에서 중요한 역할을 했던 대표적인 우상인 바알은 풍요와 비를 관장하는 신으로서 번식과 힘을 상징하는 동물인 황소의 모양을 취하고 있습니다. 가나안 종교는 자연의 신비를 종교적 관점에서 해석했는데, 땅의 수확은 바알과 그의 배우자의 성적인 결합에 의해 생긴다고 보았습니다. 그러므로 가나안 종교의 제의가 갖는 특징은 제의적인 매음이었습니다. 남성 사제는 바알과 여성 사제는 아스다롯과 동일시되어 신전에서 매음행위를 했습니다. 남녀가 바알과 그의 배우자의 성행위를 모방함으로써 이 두 신을 결합시켜 비를 내리고 풍작을 가져올 수 있다고 믿었던 것입니다. 따라서 가나안 종교는 성적 에로티시즘이 발전되었으나 성윤리가 상실된 종교였습니다.*

가나안 종교가 갖는 풍요와 번영에 대한 실용주의적 성격 때문에 이스라엘인들의 가나안 정착 초기부터 지속적으로 야훼 하나님과 바알을 함께 섬기는 종교적 혼합주의가 퍼지게 됩니다. 그러나 이는 하나님과 이스라엘 백성 사이의 언약(계약)관계의 위반이었고, 높은 수준의 윤리적 의무를 요구하는 야훼신앙과 가나안 종교의 성적 에로티시즘(성행위를 동반하는 음란한 제의)과 경제적 풍요를 위한 욕망의 신앙은 근본적으로 대립하고 있었습니다. 호세아와 아모스가 활동한 기원전 8세기경 많은 이스라엘 사람이 바알의 숭배자들이었고 야훼신앙과 제의에도 이러한 이교적 영향들이 있어왔습니다. 이러한 우상숭배는 호세아가 말했듯이 풍요와 번영을 위한 욕망과 성적 타락 속에서 살인, 거짓말, 도둑질, 간음 등 윤리적 범죄를 만들어내게 됩니다.

3. 공의와 정의를 어기는 문제(사회적 불의) – 예언자 아모스

예언자 아모스가 활동한 시기는 여로보암 2세 시대입니다. 당시 이스라엘은 경제적인 번영을 구가했고 정치적으로도 안정을 누렸습

---

* 이 단락의 가나안 종교에 대한 기술은 버나드 앤더슨,《구약성서 이해》, 232-238을 인용.

니다. 열왕기하 14장 25절에 따르면 여로보암 2세 당시 이스라엘의 영역은 하맛 어귀에서부터 아라바 바다에 이르렀다고 하니, 이는 솔로몬 왕 당시에 이스라엘의 북쪽 영역과 거의 같은 정도의 강역이었습니다. 여로보암 2세 시대에 이스라엘은 시리아로부터의 교역로와 아라비아로부터의 대상로를 장악하고 교역을 통해 큰 경제적 이득을 얻을 수 있었습니다. 그러나 이러한 경제적 번영의 결과로 당시의 지배계층들과 다수의 서민들 사이에 빈부격차가 극심해졌고 사회적 불의와 부패가 깊어졌습니다. 당시의 경제적 양극화가 심화된 사회에서 부자들의 생활상에 대해 아모스서는 다음과 같이 말합니다.

"상아 상에 누우며 침상에서 기지개 켜며 양 떼에서 어린 양과 우리에서 송아지를 잡아서 먹고/ 비파 소리에 맞추어 노래를 지절거리며 다윗처럼 자기를 위하여 악기를 제조하며/ 대접으로 포도주를 마시며 귀한 기름을 몸에 바르면서 요셉의 환난에 대하여는 근심하지 아니하는 자로다"(아모스 6:4-6).

기원전 8세기라는 당시의 경제적 조건을 고려할 때 이스라엘의 부자들은 어린 양과 송아지를 먹고 음악과 포도주를 즐기는 호화로운 생활을 하였지만 가난한 사람들의 흉년과 기근에 대해서는 무관심하였습니다. 당시 사회에서 빈부격차가 커지면서 가난한 자들은 억압받고 사회적 불의와 부패는 심화되고 있었습니다. 아모스는 당시의 사회적 불의와 부패를 의인을 은을 받고 팔며 가난한 자를 신한 켤레를 받고 팔며, 힘없는 자를 발로 밟는다고 고발합니다(아모스 2:6-7). 또한 법정에서는 올바른 시비를 가리지 못하고 가난한 사람은 재판에서 억울해 하는, 즉 사법 정의가 실종되었으며, 지배자들은 가난한 사람들의 곡물세를 착취하고, 의로운 사람을 학대하고, 뇌물을 받고 있었다고 말합니다(아모스 5:10-13). 이러한 이스라엘 사회의 불의와 타락상에 대해 아모스 예언자는 하나님의 말씀을 전하는데, 종교적 행위들 — 절기와 성회 그리고 번제와 소제 — 을 통해 거짓된 안전을 얻으려고 하지 말고 정의를 행할 것과 공의로운 삶을 살 것을 호소합니다: "오직 정의를 물 같이, 공의를 마르지 않는 강 같이 흐르게 할지어다"(아모스 5:24). 이스라엘이 불의와 부패 대신 공의와 정의를 회복하지 않으면 하나님께서는 한 나라를 일으켜서 이스라엘을 멸망시키실 것임을 엄중히 경고합니다. 결국 이스라엘이 선택해서 가야 할 길은 하나님의 뜻에 따른 선과 의의 길이었습니다.

"너희는 살려면 선을 구하고 악을 구하지 말지어다 만군의 하나님 여호와께서 너희의 말과 같이 너희와 함께 하시리라/ 너희는 악을 미워하고 선을 사랑하며 성문에서 정의를 세울지어다 만군의 하나님 야훼께서 혹시 요셉의 남은 자를 불쌍히 여기시리라"(아모스 5:14-15).

그러나 이스라엘 사회의 지도자들과 백성들은 선과 의를 구하지도 않았고 하나님께로 돌아오지도 아니하였습니다. 결국 예언자들이 활동한 지 한 세대 후에 이스라엘은 당시 중근동의 새로운 패권국가로 등장한 앗시리아에 의해 멸망하게 됩니다. 결론적으로 이스라엘이 멸망하게 된 주요한 원인은 우상숭배에 따른 윤리적 타락과 사회적 불의와 부패에 있었습니다. 가나안 종교의 우상들을 섬기면서 물질적 풍요와 성적 타락에 빠지며 하나님과의 계명에 따른 윤리적 의무를 지키지 않았고, 사회적으로는 양극화가 심화되면서 사회적 정의가 실종되고 불의와 부정과 부패는 심화되어갔기 때문에 이스라엘은 멸망할 수밖에 없었습니다. 성서는 그러한 이스라엘 사회의 타락과 멸망 속에서 역사하시는 하나님의 주권에 대해 말합니다: "보라 주 여호와의 눈이 범죄한 나라를 주목하노니 내가 그것을 지면에서 멸하리라"(아모스 9:8a).

4. 예언자 호세아와 아모스의 메시지와 오늘의 한국 사회

예언자들의 메시지를 배우면서 우리가 생각해야 할 것은 이 하나님의 말씀은 당시의 이스라엘 사회만이 아니라 또한 오늘의 우리 사회를 향한 하나님의 말씀이라는 점입니다. 이스라엘이 여로보암 2세 시대에 겉으로는 경제적으로 부강해졌지만 속으로는 도덕적으로 타락하고 사회적 부정과 부패가 증가하고 경제적으로는 양극화되어갔으며, 그것이 결국은 시간이 흘러 사회의 멸망을 불러일으켰다는 것입니다. 오늘 우리 사회의 모습에서도 윤리적 타락과 사회적 부정과 부패, 그리고 양극화의 문제는 많은 점에서 당시 이스라엘 사회를 닮아 있다고 할 수 있습니다.

2014년 봄에 일어난 세월호 사건을 통해 우리는 우리 사회가 갖고 있는 직업윤리와 기업윤리와 공직윤리의 상실과 사회 내의 부정과 부패의 심각성을 발견할 수 있었습니다. 한 공동체와 사회가 평화와 번영을 누리기 위해서는 겉으로 드러나는 물질적 성장만이 중요한 것이 아니라 도덕성을 회복하고 개인적·사회적 범죄를 줄이며, 더 깨끗하고 정의로운 사회를 만들기 위해 노력해야 합니다. 또한 경제적 양극화를 해소하여 가난한 사람들을 배려하는 공동체를 만들어야 한다는 것을 성서는 말하고 있습니다.

제 II 부

신약성서
이야기

렘브란트의 〈탕자의 귀환〉(1669)
누가복음 15:11-32

제 1 장

복음서

    신약성서의 첫 번째 네 권의 책인 복음서(The Gospels)는 마태복음, 마가복음, 누가복음, 요한복음으로 구성되어 있습니다. '복음'이란 말은 헬라어 유앙겔리온($\varepsilon\upsilon\alpha\tau\tau\varepsilon\lambda\iota\upsilon\nu$)이라는 말에서 온 것으로 우리말로는 '좋은(또는 기쁜) 소식'이라는 의미입니다. 복음서의 내용은 하나님의 아들로서 이 땅에 인간으로 오신 예수 그리스도에 대한 증언이라고 할 수 있습니다. 복음서는 예수의 생애에 관한 글이라고도 할 수 있는데 일반적인 형태의 전기와는 사뭇 다릅니다. 복음서에서 예수의 생애에 관한 증언은 일반적인 전기와 달리 탄생과 성장기에 관한 부분은 적고 대부분의 내용이 예수의 공적 생애(공생애)에 초점을 맞추고 있습니다. 그래서 이 책에서는 복음서에서 예수의 공생애와 사역 중 핵심적인 부분을 이루는 치유와 가르침과 하나님의 나라와 공생애의 마지막 부분인 그의 십자가의 죽음과 부활에 초점을 맞출 것입니다.

사복음서 중 마태복음, 마가복음, 누가복음을 공관복음서라고 합니다. 그 이유는 이 복음서들이 예수의 이야기에 관한 공관(synopsis), 즉 공통된 개요를 제공하기 때문입니다. 이 세 복음서는 병행성을 갖는데 예수에 대한 동일한 사건들이 유사한 단어들로 묘사되어 있습니다. 공관복음서가 왜 이러한 유사성을 갖는지에 대해서는 일반적으로 '두 자료설'로 설명합니다. 첫 번째 이유로, 마가복음의 우선성입니다. 학자들의 연구에 따르면 복음서 중 마가복음이 가장 먼저 쓰였으며(기원후 65년 이후) 마태복음과 누가복음의 저자가 마가복음을 주요 자료로 사용했을 것으로 보고 있습니다. 두 번째 이유로, Q(원천을 의미하는 독일어 Quelle)자료의 개연성입니다. 마태복음과 누가복음에는 마가복음에는 없는 절들이 많이 포함되어 있는데 이의 대부분은 예수의 말씀들, 즉 어록들입니다. 이러한 Q자료를 당시에 있어 두 복음서의 저자들이 자료로 활용하였을 것으로 보고 있습니다.

그러면 이러한 복음서는 왜 쓰인 것일까요? 복음서가 쓰인 경위는 다음과 같은 역사성에서 찾아볼 수 있습니다. 예수 그리스도의 십자가 사건과 부활 이후 기독교의 첫 세대(기원후 30-60년)에는 사도들을 비롯해 예수의 말씀과 활동에 관한 수많은 목격자들이 살아 있었기 때문에 복음서는 기록되지 않고 다만 예수 사건에 대한 전파된 또는 선포된 메시지(케리그마)가 구전전승으로 내려오고 있었습니다. 그러나 예수의 죽음 이후 한 세대가 지나면서 사도들과 많은 목격자들이 죽으면서 예수의 이야기를 기록할 필요성이 증가하고 새로운 신자들을 위한 신앙의 가르침이 필요하게 되었습니다. 이러한 요구 속에서 최초의 복음서인 마가복음이 기록되게 되었다고 보고 있습니다.

마태복음과 누가복음은 그 시작에서 예수의 계보와 탄생 이야기를 다루고 있습니다. 신약성서의 첫 부분인 마태복음을 읽는 사람은 왜 신약성서가 예수의 계보로부터 시작되는가에 대해 의아함을 품을 것입니다. 마태복음은 예수의 계보를 다루면서 그가 아브라함과 다윗의 자손으로 왔음을 강조합니다. 그것은 예수가 이 땅에 오심이 하나님이 아브라함에게 주신 약속과 다윗에게 하신 약속을 성취하는 일임을 말하는 것입니다. 하나님이 아브라함에게 주신 "땅의 모든 족속이 너로 말미암아 복을 얻을 것이라"(창세기 12:3)는 약속과, 다윗에게 주신 "네 집과 네 나라가 내 앞에서 영원히 보전되고 네 왕위가 영원히 견고하리라"(사무엘하 7:16)는 약속이 아브라함과 다윗의 자손이며 하나님의 아들이신 예수님을 통해 성취되었음을 강조하는 것입니다.

마태복음에서 예수 탄생의 이야기는 성령을 통해 마리아라는 처녀의 몸을 통해 하나님의 아들이 탄생하였으며 그로 인해 하나님이 우리와 함께 계시게 된 성육신(화육: Incarnation)의 사건을 강조하고 있습니다. 예수라는 이름의 의미인 "그가 자기 백성을 그들의 죄에서 구원할 자이심이라 하니라"(마태복음 1:21)를 통해 그가 어떤 일을 하실 것인지 예고합니다. 누가복음의 아기 예수 탄생에서는 그가 베들레헴의 구유에서 태어나심을 통해 구약의 메시아에 대한 예언의 성취와 함께 하나님 아들의 겸손을 드러내줍니다.

복음서 이야기는 마태복음과 누가복음에 나오는 예수의 탄생 이야기를 제외하면 주로 예수의 공생애와 그의 사역을 다룹니다. 예수의 공생애는 세례받음과 시험에 드는 것으로 시작합니다. 요르단 강에서 세례 요한에게 세례를 받을 때 하늘이 갈라지고 성령이 비둘기같이 임하며 "이는 내 사랑하는 아들이요 내 기뻐하는 자라"(마태복음 3:17)는 하늘의 소리가 울렸습니다. 예수가 받은 세례는 하나님의 아들인 예수의 정체성을 밝혀주고 있습니다. 세례를 받은 뒤 예수는 광야에서 사십 일을 금식하며 사탄의 시험을 받습니다. 사탄은 예수에게 세 가지 시험을 합니다. 첫 번째 시험은 돌을 빵으로 변화시키라는 물질의 욕망의 시험이었고, 두 번째 시험은 성전 꼭대기에서 뛰어내리라는 명예와 기적의 욕망에 대한 시험이었으며, 마지막 시험은 사탄에게 엎드려 경배하면 천하만국의 왕이 되는 영광을 주겠다는 권력의 욕망에 대한 시험이었습니다. 예수는 이 마귀의 시험을 하나님의 말씀으로 극복합니다.

예수는 세례 요한이 잡힌 뒤에 자신의 고향인 나사렛이 있는 갈릴리로 돌아와서 가버나움을 근거지로 하여 하나님의 복음을 전파하기 시작합니다. 예수는 "회개하라 천국이 가까이 왔느니라"(마태복음 4:

17)고 외치시며 갈릴리 전역에서 천국복음과 회개를 전파하며 제자들을 모읍니다. 갈릴리 지역은 예수의 사역에서 중심 지역이었지만, 팔레스타인 땅의 북쪽에 위치한 곳으로 팔레스타인 전체에서 보면 주변부라고 할 수 있습니다. 갈릴리의 농토는 비옥한 땅으로 농부들이 오랫동안 그 땅을 경작해왔지만, 예수 당시에는 팔레스타인 지역을 지배한 로마 제국의 과도한 세금 징수로 농민들의 삶은 어려움을 겪고 있었습니다. 예수는 갈릴리 호숫가의 가버나움을 중심으로 갈릴리의 가난한 농민들과 어부들에게 복음을 전파하기 시작합니다.

복음서는 예수의 공적 사역의 핵심으로 가르침과 하나님의 나라(천국)의 전파와 병과 연약함의 치유를 말하고 있습니다. 예수의 공생애 목회사역의 핵심을 마태복음 4장 23절은 다음과 같이 말합니다: "예수께서 온 갈릴리에 두루 다니사 그들의 회당에서 가르치시며 천국복음을 전파하시며 백성 중의 모든 병과 모든 약한 것을 고치시니." 예수는 갈릴리 전역의 도시와 마을을 돌아다니면서 회당에서 권위 있게 가르치시고 하나님 나라의 복음을 전하고 질병으로 고통 받는 사람들을 고칩니다. 이에 예수에 관한 소문이 갈릴리 사방과 이스라엘 전역으로 퍼지며 많은 사람이 모여듭니다. 예수는 그의 공생애 사역을 시작하며 그의 고향인 나사렛의 한 회당에서 이사야의 글을 인용하여 자신의 선교 목적을 다음과 같이 밝힙니다.

"주의 성령이 내게 임하셨으니 이는 가난한 자에게 복음을 전하게 하시려고 내게 기름을 부으시고 나를 보내사 포로 된 자에게 자유를, 눈 먼 자에게 다시 보게 함을 전파하며 눌린 자를 자유롭게 하고/ 주의 은혜의 해를 전파하게 하려 하심이라"(누가복음 4:18-19).

예수는 성령의 기름부음과 은사가 함께 하셔서 하나님의 도움을 가장 절실하게 필요로 하는 사람들에게 기쁜 소식을 전합니다. 그는 부채와 전쟁으로 포로 된 사람들에게 자유를 주고, 시력을 잃어 장애를 입거나 영적으로 눈 먼 사람을 다시 보게 하며, 고난으로 압제 당하는 자를 해방하기 위해 자신이 왔다고 말합니다. 누가복음 4장 18-19절은 이사야서 61장 1-2절을 인용하고 있는데 이사야서에서는 "마음이 상한 자를 고치며"라는 구절이 더 있습니다. 예수는 장애와 질병을 갖거나 마음이 상한 자를 치유하고, 가난한 사람들과 같이 하나님을 필요로 하는 사람들에게 하나님 나라의 복음을 전하며, 포로되고 억눌린 사람들에게 자유를 줌으로써 인간을 진정으로 구원하기 위해 이 땅에 오셨음을 말하고 있습니다.

예수가 선포하신 주의 은혜의 해는 희년을 의미합니다. 구약성서에서 희년이란 일곱 번째 안식년 다음 해에 오는 50년이 시작되는 해입니다. 이 희년에는 가나안 땅에 사는 모든 주민에게 자유가 공포되고 자기가 분배받은 원소유지 땅으로 돌아가며, 매매로 땅을 산 사람은 희년이 될 때까지만 땅을 소유했다가 본래의 땅임자에게 돌려줘야 합니다(레위기 25:8-28). 예수는 과도한 징세와 채무로 포로 되고 억눌린 가난한 농민들에게 희년을 선포함으로써 하나님의 자유와 정의를 전하십니다. 예수는 죄의 사슬에 매여 있는 사람들과 가난과 질병과 억압의 사슬에 매여 있는 사람들을 자유롭게 하기 위해서 그리고 그들을 진리와 생명과 정의의 하나님 나라로 인도하시기 위해 이 땅에 오셨습니다.

복음서를 시작하며 우리가 중요하게 생각할 것은 예수가 하나님의 아들로서 인간의 모습으로 이 땅에 오신 성육신의 목적입니다. 즉, '하나님은 왜 그의 아들인 예수를 이 세상에 보냈는가'에 관한 대답입니다. 이에 대해 요한복음은 다음과 같이 말합니다.

"하나님이 세상을 이처럼 사랑하사 독생자를 주셨으니 이는 그를 믿는 자마다 멸망하지 않고 영생을 얻게 하려 하심이라/ 하나님이 그 아들을 세상에 보내신 것은 세상을 심판하려 하심이 아니요 그로 말미암아 세상이 구원을 얻게 하려 하심이라/ 그를 믿는 자는 심판을 받지 아니하는 것이요 믿지 아니하는 자는 하나님의 독생자의 이름을 믿지 아니하므로 벌써 심판을 받은 것이니라"(요한복음 3:16-18).

하나님이 자신의 독생자인 예수를 이 세상에 보내신 목적은 하나님의 인류에 대한 "사랑"과 인간의 "영생과 구원"에 있다고 말합니다. 그런 점에서 예수가 이 땅에 오신 가장 큰 목적은 인간을 향한 하나님의 사랑을 나타내고 그를 영접하는 자들에게 구원과 영생을 주기 위함이라고 말할 수 있습니다. 누가복음 15장에는 잃어버린 양의 비유가 나옵니다. 어느 목자에게 양 백 마리가 있었는데 그중 한 마리를 잃어버립니다. 목자는 그 잃어버린 양 한 마리를 찾아다니다 마침내 찾아서 기뻐하며 어깨에 메고 집으로 돌아와서 잃은 양을 찾았다고 벗과 이웃을 불러 함께 잔치를 즐깁니다(누가복음 15:3-7). 이 이야기를 통해 예수는 인간의 죄와 고통으로 인해 하나님으로부터 상실된 한 마리 양인 인간을 찾기 위해 이 땅에 왔음을 드러내고 있습니다. 예수가 이 땅에 온 이유는 잃어버린 인간을 찾기 위해, 즉 구원하기 위해서라는 것을 말하고 있습니다.

예수는 누가복음 19장 1-10절의 삭개오 이야기를 통해 "인자가 온 것은 잃어버린 자를 찾아 구원하려 함이니라"며 자신이 이 땅에 온 목적을 삭개오와 같이 죄로 인해 상실된 사람을 구원하기 위함이라고 밝힙니다. 삭개오는 세리장으로 당시 로마 제국의 농민들에 대한 과도한 세금 징수를 도와 죄인으로 손가락질을 받던 사람이었습니다. 그러나 삭개오는 예수를 만나면서 "내 소유의 절반을 가난한 자들에게 주겠사오며 만일 누구의 것을 속여 빼앗은 일이 있으면 네 갑절이나 갚겠나이다"(누가복음 19:8)라고 말함으로써 자신의 죄를 회개하고 예전과는 다른 삶의 실천을 시작하고자 합니다. 그런 점에서, 예수가 이 땅에 온 것은 잃어버린 죄인들을 찾아 그들이 죄로부터 회개하고 새로운 삶을 시작함으로써 하나님의 구원을 얻게 하려 함이라고 말할 수 있습니다.

제 2 장

예수의 치유 이야기

성서에서 치유란 신체적 건강과 정서적 행복과 정신적 기능과 영적 살아 있음이 회복되는 과정을 가리킵니다. 치유는 또한 상처 난 인간관계를 화해시키고 정의로운 사회적·정치적 질서를 발전시키는 것과 관련됩니다. 기독교적 치유는 치유의 과정과 연결되어 영적 진보(spiritual advance)를 성취하는 데에서 여타의 치유와 구별됩니다. 복음서에서 예수는 수많은 질병을 앓고 있는 사람들을 만나고 그들을 치유합니다. 복음서에서 예수의 치유는 복음서 이야기 중 약 3분의 1을 차지하며 예수의 세 가지 대표적인 사역 중 하나라고 할 수 있습니다. 이러한 예수의 치유사역은 크게 신체적 질병의 치유와 귀신 들림의 치유로 나누어볼 수 있습니다.

(1) 신체적 질병의 치유: 고열, 소아마비, 외상, 하반신의 마비, 손의 마비, 시력 상실, 귀먹고 말이 어눌함, 만성적 심장질환, 부인과 질환, 중풍, 나병 등.

(2) 귀신 들림(demon possession)의 치유: 예수님의 질병치유 26사례 중 6개가 그리고 집단치유 12사례 중 4사례가 귀신 들림의 치유입니다.

예수가 보여준 신체적 질병 치유는 다양한 질환들을 포함하고 있습니다. 시력 장애와 청각 장애, 하반신의 마비 같은 장애를 앓고 있는 사람들과 고열과 중풍, 나병환자들의 치유 이야기들이 나옵니다. 예수는 이러한 장애와 질병을 앓고 있는 사람들에게 손을 내밀어 안수하거나 침을 뱉어서 치유하시거나 말씀으로 고칩니다. 때로는 열두 해 동안 혈루증을 앓았던 여인의 경우처럼 예수의 옷에 손을 대기만 해도 질병이 치유되기도 합니다.

복음서에서 치유는 귀신 축출과 자주 결합되어 나타납니다. 귀신들림의 치유 이야기가 자주 나오는 것은 과학 이전 시대에 고칠 수 없는 질병 또는 정신적인 질병을 귀신에게서 유래된 것이라는 고대인들의 생각이 반영된 점도 있습니다. 오늘날에도 많은 질병이 과도한 스트레스와 같은 정신적인 원인에서 발생하는 점으로 유추해서 생각해볼 수 있습니다. 또 다른 측면에서는 인간이 경험하는 죄와 많은 질병이 사탄과 귀신이라는 영적인 측면과 관련될 수 있다는 점을 나타내고 있습니다.

> "날이 저물었을 때에, 마을 사람들이 귀신들린 사람들을 많이 예수께
> 로 데리고 왔다 예수께서는 말씀으로 귀신을 쫓아내시고, 또 병자를
> 모두 고쳐 주었다"(마태복음 8:16).

치유 이야기의 중요한 특징 중 하나는 예수가 질병의 치유를 죄사
함과 연결한다는 점입니다. 마가복음 2장 1-12절에 보면, 예수는 중
풍병자를 보시고 "작은 자야 네 죄 사함을 받았느니라"(마가복음 2:5)
고 말씀하십니다. 그리고 "네 상을 가지고 집으로 가라"(마가복음 2:11)
고 말씀하십니다. 이 이야기를 통해 우리는 예수가 인간의 죄를 용
서하시는 권세를 지니고 있다는 것과 죄 문제의 해결 없이 신체적
질병만을 치료하는 것은 진정한 의미에서 온전한 치유가 아닌 것을
알 수 있습니다. 그렇기에 "일어나 네 상을 가지고 집으로 가라"는 말
씀 속에서 인간은 중풍이라는 질병으로부터 신체적 자유를 얻는 것
만이 아니라 죄로부터 영적 자유를 얻어 하나님과의 관계를 회복해
야 진정한 치유가 됨을 보여주고 있습니다. 인간이 육체적으로는 건
강할 수 있겠지만 그가 죄 안에 거한다면 그것은 온전한 건강은 아
닐 것입니다. 그렇기 때문에 복음서에 나오는 예수의 치유는 신체적
건강 회복과 함께 죄 사함을 통한 인간의 영적 변화를 중요시합니다.
당시 사람들이 질병을 죄로 인한 하나님의 징벌로 생각하는 반면 예

수는 질병의 원인을 죄로 보지 않고 하나님께서 하시는 일을 나타내시고자 하는 목적으로 초점을 전환합니다(요한복음 9:3-4).

마가복음 9장 14-29절에 보면 간질과 귀신 들림 현상이 함께 나타나고 있는 아이가 나옵니다. 이 아이를 치유하면서 예수는 믿음의 중요성("믿는 자에게는 능히 하지 못할 일이 없느니라"[9:23])을 강조하시고, 더러운 귀신을 말씀으로 꾸짖으시며(9:25), 기도를 통해서 쫓아낼 수 있음("기도 외에 다른 것으로는 이런 종류가 나갈 수 없느니라 하시니라"[9:29])을 말씀하십니다. 이 이야기를 통해 성서는 정신적 질병과 귀신 들림 그리고 치유에서 믿음과 기도의 중요성을 드러냅니다. 복음서는 치유에서 믿음의 중요성을 강조합니다. 믿음에 의한 치유(Faith Healing)는 정신적·신체적·정서적 성격에 관계없이 향상된 건강에 대한 사람이 갖는 믿음의 공헌을 의미합니다. 복음서는 치유에 있어서 여러 차례에 걸쳐 믿음의 중요성에 대해 증언합니다. 즉, 하나님은 사람의 믿음과 기도를 치유를 위한 도구로 사용할 수 있다는 것을 보여줍니다. 믿음은 환자의 믿음만이 아니라 다른 사람들의 믿음이 중요할 때도 있습니다. 겸손한 믿음은 본질적으로 중요하고 하나님의 치유의 권능에 사람을 개방시킵니다. 그러나 치유하시는 분은 믿음이 아니라 하나님이십니다. 치유에서 믿음과 함께 중요한 것은 기도입니다. 누가복음 21장 36절에서 예수는 "항상 기도하며 깨어 있으라"고 말합니다. 기도하는 것은 깨어 있는 것입니다. 우리가 기도하며 깨어 살아갈 때 인간은 영적으로 회복되고 정서적이고 신체적으로도 더 건

강한 삶을 살아갈 수 있을 것입니다.

예수가 병자들을 치유한 이유는 무엇일까요? 즉, 치유의 이유에 관해서 생각해봅시다. 예수가 수많은 사람들을 치유하신 이유 중 하나는 인간의 연약함을 불쌍히 여겼기 때문이라고 할 수 있습니다. 마태복음 14장 14절은 "예수께서 나오사 큰 무리를 보시고 불쌍히 여기사 그 중에 있는 병자를 고쳐 주시니라"고 말합니다. 예수의 인간의 연약함에 대한 긍휼과 사랑이 수많은 치유 기적의 이유라고 할 수 있습니다. 또한 인간을 질병이라는 억눌림으로부터 자유롭게 하기 위한 목적이라고 할 수 있습니다. 인간 상황은 죄와 질병과 죽음이라는 사슬에 매여 있습니다. 예수는 눈 먼 자를 다시 보게 하고 눌린 자를 자유롭게 함으로써 인간을 괴롭히는 질병으로부터 인간을 해방합니다. 예수의 구원은 죄와 죽음으로부터만이 아니라 인간의 질병으로부터의 구원을 포함합니다. 또한 그것은 더 이상 질병과 고통이 없고 귀신을 축출하고 마귀의 세력을 무너뜨림으로써 다가올 하나님의 나라를 현시하고 있습니다.

제 3 장

예수의 가르침

1. 산상설교

산상설교는 예수 가르침의 핵심을 보여주는 말씀으로써 마태복음 5장 1절-7장 29절과 병행구인 누가복음 6장 20-49절과 12장 22-34절로 이루어져 있습니다. 산상설교는 예수가 산 위에서 무리들에게 한 설교로 산상설교 또는 산상수훈으로 불립니다. 마태복음 5-7장의 차례에 따라 산상설교를 보면 첫 부분에서 팔복(마태복음 5:1-12)에 대해 말합니다. 팔복은 여덟 가지의 복으로 심령이 가난한 자, 애통하는 자, 온유한 자, 의에 주리고 목마른 자, 긍휼히 여기는 자, 마음이 청결한 자, 화평하게 하는 자, 의를 위하여 박해를 받는 자가 복이 있다고 말합니다. 사람들이 바라는 일반적인 세상의 축복과는 확연히 다른 개념으로 예수는 천국의 축복을 소개합니다.

마태복음 5장 13-16절은 세상의 소금과 빛에 대해 기술합니다. 예수는 '너희는 세상의 소금이요 세상의 빛'이라고 말합니다. 소금이란 소금의 짠 맛을 통해 부패와 타락을 막는 의미를 나타냅니다. '너희는 세상의 소금'이란 말은 소금과 같이 세상의 부패와 타락을 막고 세상을 정화하는 이 세상에 꼭 필요한 사람이 되어야 한다는 것을 의미합니다. 빛은 사람의 길을 밝히고 안내하는 역할을 하며 빛은 비출 뿐만 아니라 그 열기로 사람들을 따뜻하게 하는 선한 행실과 연관됩니다. '너희는 세상의 빛'이라는 말은 빛과 같이 사람들의 길을 밝히고 비추며 이 세상을 따뜻하게 하는 역할을 해야 한다는 것을 뜻합니다. 예수를 따르는 사람은 세상의 소금과 빛의 역할을 해야 함을 강조하고 있습니다.

예수가 산상설교에서 율법에 대해 말할 때 자신의 급진적인 말씀을 통해 모세의 율법을 뒤엎으시려 한다고 생각할 수 있습니다. 하지만 실상 예수는 율법의 근본정신을 성취함으로써 율법이 진정으로 가리키는 것들을 완성하는 것이라고 말씀합니다. 그렇기 때문에 예수는 "너희 의가 서기관과 바리새인보다 더 낫지 못하면 결코 천국에 들어가지 못하리라"(마태복음 5:20)고 말씀합니다. 율법과 관련하여 살인과 간음과 원수 사랑에 대한 설명에서 예수는 전통적인 해석을 더 심화합니다. 신체에 대한 살인은 분노와 욕으로까지 더 심화되고("나는 너희에게 이르노니 형제에게 노하는 자마다 심판을 받게 되고 형제를 대하여 라가 라 하는 자는 공회에 잡혀가게 되고 미련한 놈이라 하는 자는 지옥 불에 들어가게 되 리라"(5:22)), 육체적 간음은 음욕과 마음의 간음으로 더 심화되며("나 는 너희에게 이르노니 음욕을 품고 여자를 보는 자마다 마음에 이미 간음하였느니 라"(5:28)), 이웃 사랑은 원수에 대한 사랑과 박해하는 자를 위한 기도 로 더 심화됩니다("나는 너희에게 이르노니 너희 원수를 사랑하며 너희를 박해하 는 자를 위하여 기도하라"(5:44)). 예수는 이혼과 맹세와 보복에 관한 율법 의 해석에서는 율법의 일부분을 무효화하는데, 이혼과 보복에 대한 그의 말씀은 사랑에 기반하고 있습니다. 마지막으로 그는 하나님의 온전하심과 같이 우리도 온전한 자, 즉 보편적인 사랑에 기반한 완전 하고 성숙한 자가 될 것을 가르칩니다.

예수는 바리새인들의 세 가지 종교적 의무인 구제와 기도와 금식 에 대해서 외식하지 않고 보다 진실된 더 나은 윤리적 삶을 살아갈 것을 요구합니다. 구제를 할 때 자기를 드러내지 말고 "오른손이 하 는 것을 왼손이 모르게"(마태복음 6:3) 할 것과 기도할 때에 골방에 들 어가 은밀하게 할 것(마태복음 6:6), 금식할 때에 슬픈 기색을 보이지 말고 은밀한 중에 보시는 하나님께 보이게 하라(마태복음 6:18)고 말합 니다. 이 부분에서 예수는 제자들에게 기도를 가르칩니다. 그것은 신 자가 아니어도 흔히 잘 알고 있는 주기도문입니다. 주기도문의 전반 부는 하나님의 뜻과 하나님의 나라에 초점을 맞추고 후반부는 인간 의 필요(물질적·영적 필요)에 초점을 맞추고 있습니다. 전반부에서는 하나님의 뜻이 이루어지고 하나님의 나라가 임하기를 기도하며 후반부에서는 인간의 일용할 양식과 죄에 대한 용서와 시험에 들지 말고 악에서 구하시기를 기도합니다.

마태복음 6장 19절에서 34절까지는 삶의 염려에서 해방되어 하나님의 나라와 그의 의를 구할 것을 말합니다. 예수는 보물을 땅보다 하늘에 쌓아두라고 함으로써 이 땅에서 재산의 축재보다 구제와 나눔에 힘쓸 것을 강조합니다. 하나님을 섬기는 것이 물질적인 재물을 추구하는 것보다 더 중요함을 분명히 밝히고 있습니다. 예수는 하나님께서 우리를 돌보실 것이기 때문에 우리가 물질적인 필요에 대해 염려하지 말 것을 가르칩니다. 결론적으로 예수는 "너희는 먼저 그의 나라와 그의 의를 구하라 그리하면 이 모든 것을 너희에게 더하시리라"(마태복음 6:33)고 말씀하심을 통해 하나님의 나라를 구하며 살아가는 것이 일상적인 물질적 필요를 구하는 것보다 우리 삶에서 우선해야 한다는 것을 강조합니다.

예수는 쉽게 남을 비판하거나 정죄하지 말 것을 가르칩니다. 예수의 "형제의 눈 속에 있는 티는 보고 네 눈 속에 있는 들보는 깨닫지 못하느냐"(마태복음 7:3)는 말씀은 자신의 눈 속에는 들보만큼 큰 흠이 있으면서도 타인의 작은 티와 같은 흠결을 보고 쉽게 비판하는 우리의 모습을 성찰하게 합니다. 남을 비판하기 이전에 우리는 진실로 우리 자신의 잘못들을 먼저 깊이 성찰하고 없애는 데에 전념해야 할 것입니다. 그리고 남을 쉽게 비판하고 정죄하는 마음의 태도를 바꾸어나가야 하겠습니다.

예수는 다른 사람들을 대하는 법으로 황금률을 말합니다: "그러므로 무엇이든지 남에게 대접을 받고자 하는 대로 너희도 남을 대접하라 이것이 율법이요 선지자니라"(마태복음 7:12). 우리는 남에게 대접을 받고자 하지만 남에게 대접을 받고 싶은 만큼 남을 대접하는 것이 먼저임을 이 황금률은 보여주고 있습니다. 다른 사람에게 환대를 기대하기 이전에 내가 다른 사람을 먼저 환대하는 것이 우선적인 행동원리임을 가르치는 것입니다.

예수는 열매로 선지자를 알 수 있을 것이라며 좋은 나무가 아름다운 열매를 맺고 못된 나무가 나쁜 열매를 맺을 것(마태복음 7:17)이라고 말씀함으로써 삶의 열매(결과)로 종교인을 구별할 수 있으며, 하나님의 뜻을 추구하는 제자들은 적합한 열매를 맺음으로써, 즉 삶의 실천을 통해서 그들의 참됨을 드러내 보여야 함을 촉구합니다. 그러므로 예수는 "나더러 주여 주여 하는 자마다 다 천국에 들어갈 것이 아니요 하늘에 계신 내 아버지의 뜻대로 행하는 자라야 들어가리라"(마태복음 7:21)는 말씀을 통해 하나님의 뜻을 행함으로써 인생에서 좋은 열매를 맺어야 한다는 것을 강조합니다.

2. 용서와 섬김과 사랑의 가르침

예수는 그의 가르침에서 여러 차례에 걸쳐 용서를 강조하고 있습니다. 예수의 제자 중 베드로가 "주여 형제가 내게 죄를 범하면 몇 번이나 용서하여 주리이까"라고 물었을 때, 예수는 "일곱 번뿐 아니라 일곱 번을 일흔 번까지라도 할지니라"(마태복음 18:21-22)고 말씀하십니다. 당시 사회에서나 오늘날이나 누군가가 잘못을 했을 때 일곱 번이나 용서를 해준다는 것은 결코 쉬운 일이 아닙니다. 그러나 예수는 일곱 번에 일흔 번까지 이르는 무한정의 용서를 말씀합니다. 예수의 용서에 대한 생각은 인간은 하나님에게서 더 큰 죄를 용서받는 존재이므로, 하나님께서 우리 죄를 용서해주시는 것과 같이 인간은 타인의 잘못을 용서해줄 수 있어야 한다는 것입니다. 예수가 가르친 주기도문에서도 용서는 강조되고 있습니다: "우리가 우리에게 죄 지은 자를 사하여 준 것 같이 우리 죄를 사하여 주시옵고"(마태복음 6:12). 우리는 하나님에게 죄를 용서받아야 하며 마찬가지로 우리에게 잘못한 사람들의 죄를 용서해야 한다고 예수는 가르칩니다.

용서란 개인의 내적인 변화 과정만을 가리키지는 않습니다. 누가복음 17장에서 예수는 "너희는 스스로 조심하라 만일 네 형제가 죄를 범하거든 경고하고 회개하거든 용서하라/ 만일 하루에 일곱 번이라도 네게 죄를 짓고 일곱 번 네게 돌아와 내가 회개하노라 하거든 너는 용서하라"(누가복음 17:3-4)고 가르칩니다. 용서하기 이전에 잘못을 범하거나 죄를 지은 형제에게 경고하거나 꾸짖을 수 있으며 그리고 그가 회개하면 용서해야 합니다. 설령 그것이 일곱 번과 같이 많은 잘못일지라도 회개할 때는 용서를 베풀어야 합니다. 그러나 잘못을 범한 사람이 경고를 듣지 않고 회개하지 않을 수도 있습니다. 그러한 경우에는 두세 명의 증인이나 교회를 통한 권고를 말하고 그래도 듣지 않으면 이방인과 세리와 같이 여기라고 말합니다(마태복음 18:15-17).

예수의 가르침에서 진정으로 중요한 정신 중 하나는 섬김의 정신입니다. 예수는 첫째가 되고자 하고 남을 지배하고자 하는 욕망을 가진 제자들에게 "첫째가 되고자 하면 뭇 사람의 끝이 되며 뭇 사람을 섬기는 자가 되어야 하리라"(마가복음 9:35)고 가르칩니다. 진정으로 큰 사람은 남보다 앞에 앉고 타인을 지배하고자 하는 사람이 아니라 남을 섬기는 사람을 말합니다. 예수 당시에 팔레스타인에서 사용했던 아람어로 '어린 아이'란 말은 '종'이라 말과 동일한 단어로 사용되었습니다. 예수는 "어린 아이 하나를 영접하면 곧 나를 영접함이요"(마가복음 9:37)이란 말을 통해 미미한 보잘것없는 소자 하나를 영접하는 것이 예수를 그리고 하나님을 영접하는 것이라고 말하며 겸손하게 가난하고 약한 자를 섬기는 것의 중요성을 강조합니다.

예수는 이러한 섬김의 모범을 직접 제자들에게 보여주는데, 그는 자기 죽음을 앞둔 유월절 전에 제자들의 발을 씻깁니다(요한복음 13:1-17). 예수는 대야에 물을 담아 제자들의 발을 씻기고 제자들의 발을 닦아주었습니다. 당시 이스라엘 사회에서 남의 발을 씻기는 행위는 같은 유대인들끼리는 하지 않았고 이방인으로서 종이 된 사람들만이 하던 행위였습니다. 그러나 예수는 제자들의 선생이었음에도 지극히 자신을 낮추어 섬김과 행함을 통한 모범을 보여주었습니다. 그것은 자신이 선생으로서 발을 씻겨주는 섬김의 모범을 보여준 것 같이 제자들도 자신을 낮추어 남을 섬기는 그러한 삶을 살아갈 수 있기를 기대한 것이었습니다.

예수의 가르침은 궁극적으로 사랑으로 승화됩니다. 제자들의 발을 씻기시고 십자가의 죽음을 통하여 그들을 끝까지 사랑하심을 보여줍니다. 예수는 제자들에게 마지막으로 사랑의 새 계명을 줍니다: "새 계명을 너희에게 주노니 서로 사랑하라 내가 너희를 사랑한 것 같이 너희도 서로 사랑하라/ 너희가 서로 사랑하면 이로써 모든 사람이 너희가 내 제자인 줄 알리라"(요한복음 13:34-35). 예수의 가르침과 십자가를 통해 보여준 사랑과 같이 제자들이 서로 사랑할 것을 당부합니다. 그리고 그러한 형제간의 사랑을 통해 그들이 예수의 제자임을 보여줄 수 있음을 언급합니다.

예수의 사랑에 대한 가르침은 원수까지도 포함합니다. 그는 "너희 원수를 사랑하며 너희를 박해하는 자를 위하여 기도하라"(마태복음 5:44)고 말합니다. 그는 하늘에 계신 하나님께서 선인과 악인에게 모두 해를 비추고 비를 내려주는 것과 같이, 우리를 미워하고 박해하는 사람들까지도 사랑하며 그들을 위해 기도할 것을 가르칩니다. 그는 원수 사랑에 대한 이러한 가르침을 십자가 위에서 자신의 죽음을 통해 보여줍니다. 그는 십자가에서 죽어가면서 자신을 죽음으로 몰아간 가해자들을 위해 용서를 간구하심으로써 원수에 대한 사랑의 모범을 보여주었습니다.

원수까지 사랑하는 것은 결코 쉬운 일이 아닐 것입니다. 그러나 예수의 가르침은 우리가 삶 가운데서 하나님과 이웃을 사랑할 것을 명합니다. 예수는 모든 율법 중 첫째가 무엇이냐는 서기관의 질문에 "네 마음을 다하고 목숨을 다하고 뜻을 다하고 힘을 다하여 주 너의 하나님을 사랑하라 하신 것이요/ 둘째는 이것이니 네 이웃을 네 자신과 같이 사랑하라 하신 것이라 이보다 더 큰 계명이 없느니라"(마가복음 12:31-32)고 대답합니다. 하나님을 사랑하기 위해 최선을 다하고 이웃을 사랑하는 실천적인 삶을 살아가라는 것이 예수의 가르침의 핵심입니다.

3. 거듭남의 가르침

요한복음 3장에는 예수와 당시 유대교의 지도자였던 니고데모의 대화가 실려 있습니다. 니고데모는 예수가 행하는 이적들을 보면서 그가 하나님으로부터 온 사람임을 알고 한밤중에 예수를 찾아옵니다. 이렇게 찾아온 니고데모에게 예수는 사람이 거듭나지 아니하면 하나님의 나라를 볼 수 없다(요한복음 3:3)는 말씀을 합니다. 니고데모는 갑작스러운 예수의 대화를 처음에는 알아듣지 못합니다. 그래서 그는 사람이 늙어가는데 어떻게 어머니 배 속에 들어가 다시 태어날 수 있겠느냐고 반문합니다. 예수는 거듭난다는 의미를 설명합니다. '거듭난다'는 헬라어 '아노텐'(anothen)은 "위로부터 태어나다"란 의미인데 예수는 이런 시각에서 사람이 물과 성령으로 다시 태어나야 하나님의 나라에 들어갈 수 있다고 말합니다. 즉, 인간은 물에 의해 정화되는 것과 같이 위로부터 하나님의 영을 통하여 새롭게 태어나야 한다는 것입니다. 그것은 우리의 인생에서 탄생과 같은 첫 번째 모태로부터의 태어남이 있지만 사람은 하나님의 영을 통해 위로부터 다시 한 번 더 태어나야 한다는 것을 의미합니다. 첫 번째의 탄생이 어머니의 모태로부터의 육체적 탄생을 의미한다면, 거듭남의 두 번째 탄생은 성령(하나님의 영)에 의한 정신적 탄생을 뜻합니다. 그런 점에서 거듭남의 의미는 인간이 하나님과의 만남을 통해 반드시 두 번 태어나야 한다는 것입니다. 그렇게 사람이 거듭나야만 하나님의 나라를 볼 수 있고 천국에 들어갈 수 있다고 예수는 가르칩니다.

제 4 장

하나님의 나라(천국)

예수가 전한 메시지의 핵심은 하나님의 나라라고 말할 수 있습니다. 우리가 흔히 말하는 천국이라는 말과 하나님의 나라는 같은 의미입니다. 공관복음서 중 마가복음과 누가복음은 하나님의 나라라는 말을 주로 쓰고 마태복음은 천국(하늘나라)이라는 말을 주로 사용합니다. 마태복음에서 하나님의 나라를 천국으로 기술하는 이유는 마태복음이 유대적 전통에 영향을 크게 받았기 때문입니다. 즉 이것은 유대인들이 하나님이라는 말을 함부로 입에 올리지 않는 관습과 관련됩니다. 요한복음에는 예수와 니고데모가 나눈 대화에서 볼 수 있듯이 하나님의 나라라는 말이 나오기는 하지만, 생명과 영생이라는 말이 비슷한 의미로 많이 사용됩니다.

교회에 다니지 않는 사람들도 "예수믿고 천국간다"라는 말을 대중들이 모인 지하철이나 역사 등에서 들어보았을 것입니다. 그런데 이 천국 또는 하나님의 나라라는 말은 실제 예수가 썼던 의미와는 다르게 사람들에게 전달되고 있습니다. 그러면 복음서에서 예수가 말한 하나님의 나라는 과연 무엇을 의미하였을까요? 이것이 이 장에서 탐구할 주제입니다.

예수의 공적 사역은 그가 세례를 받고 광야에서 사탄의 시험을 받은 후에 그의 하나님 나라의 선포와 함께 시작됩니다. 예수는 "이르시되 때가 찼고 하나님의 나라가 가까이 왔으니 회개하고 복음을 믿으라 하시더라"(마가복음 1:15)고 하십니다. 예수는 정한 때가 이르렀고 하나님의 나라가 시작되었다는 놀라운 소식을 선포하며 회개하고, 즉 삶의 방향을 바꾸고 하나님 나라의 복음을 받아들일 것을 촉구하며 그의 사역을 시작합니다. 마태복음 4장 23절은 치유와 가르침과 함께 천국 복음의 전파가 예수가 갈릴리에서 펼친 사역의 중심을 이루고 있었다는 것을 증언합니다. 그만큼 하나님 나라의 복음 선포는 예수가 사역을 시작할 때뿐 아니라 그 사역 내내 중심 주제를 차지합니다.

이미 이전 장에서 살펴보았듯이, 치유와 가르침이라는 예수의 활동이 무엇을 의미하는지는 이해하기가 쉽습니다. 그러면 예수가 전파한 하나님의 나라(천국)는 과연 어떠한 의미를 갖는 것일까요? 하나님의 나라를 헬라어로는 '바실레이아 투 테우'(*basileia tou theou*)라고 하는데 대부분의 신약성서 학자들은 예수가 전파한 하나님 나라의 개념을 "하나님의 주권적 통치(다스림)"와 "하나님의 뜻에 따라 이루어지는 새로운 삶의 질서"를 의미한다고 생각합니다. 이는 하나님의 주권과 뜻에 따르는 다스림을 말하며 하나님 중심의 하나님의 은혜로부터 오는 초월적 실재로 말할 수 있습니다. 예수의 오심과 함께 병든 사람들이 치유되고 귀신이 축출되며, 사람들의 죄의 회개를 통해 하나님의 뜻에 따른 새로운 삶을 시작하게 되면서 하나님의 주권적 통치는 당시의 사람들에게서 현재적으로 경험됩니다. 그런 면에서 하나님 나라는 현재적이라고 말합니다.

누가복음 17장에 보면 바리새인들이 예수에게 "하나님의 나라가 어느 때에 임하나이까"라고 묻습니다. 예수는 "하나님의 나라는 볼 수 있게 임하는 것이 아니요/ 또 여기 있다 저기 있다고도 못하리니 하나님의 나라는 너희 안에 있느니라"(누가복음 17:20-21)고 대답합니다. 하나님의 주권적 통치로서 인간에게 경험되는 하나님의 나라는 사람들 눈에 보이는 여기저기의 장소적 공간이 아니라, 현존하는 초월적인 실재로서 우리 안에 임하는 것임을 의미하는 말씀입니다. 여기서 '안'이라는 뜻으로 사용된 헬라어 '엔토스'(*entos*)는 안(within)과 사이(between)를 모두 포함하는 단어로 하나님의 나라가 한 사람의 존재에서 시작되지만 사람들 사이에, 즉 공동체에 임하는 것임을 드러내줍니다.

예수는 요한복음 3장의 니고데모와의 대화에서 사람이 성령으로 거듭나야, 즉 다시 태어나야 하나님의 나라를 볼 수 있고 하나님의 나라에 들어갈 수 있다고 말합니다(요한복음 3:3, 5). 그런 점에서 하나님의 나라는 성령의 역사를 통해 거듭난 사람에게서 시작되지만 그것은 한 사람의 영혼만이 아니라 사람들 사이의 공동체에 임하는 것임을 알 수 있습니다.

예수가 말씀한 하나님의 나라는 예수의 오심과 함께 이미 경험되고 현재 오고 있지만, 아직 완전한 하나님의 주권적 통치는 이 세계에서 이루어지지 않았습니다. 미래의 완전한 하나님 나라의 절정은 현재를 향하여 가까워지며 다가오고 있지만, 아직 하나님의 주권적 통치의 완성은 오지 않았습니다. 예수 당시에도 그러하였지만, 현재 우리가 살고 있는 이 세계는 하나님의 통치가 온전히 이루어진 천국이 아닙니다. 오늘 이 세계에서는 사랑과 평화의 하나님 나라 구현이 아닌 갈등과 전쟁이 끊임없이 일어나고 있으며 질병과 고통과 죄로 인한 무수한 비극적 참상이 벌어지고 있습니다.

결국 죽음의 세력의 극복과 영원한 생명은 장차 올 미래의 하나님의 나라에서 구현됩니다. 그래서 예수는 마태복음 25장에서 "그 때에 임금은 자기 오른쪽에 있는 사람들에게 말하기를 '내 아버지께 복을 받은 사람들아 와서 창세로부터 너희를 위하여 예비된 나라를 상속하라'"(마태복음 25:34)고 말씀하십니다. 미래의 종말의 날 그리스도께서 영광 중에 재림하여 마지막 심판을 할 때 구원을 받는 의인들은 하나님께서 부여하는 미래의 영광의 나라를 상속하게 됩니다. 그래서 하나님의 나라는 예수의 오심과 함께 현재 오고 있는 은혜의 나라로서 현재적이지만(하나님 나라의 현재성), 미래에 올 영광의 나라로서 미래적(하나님 나라의 미래성)입니다.

하나님 나라의 성격과 관련하여 사도 바울은 "하나님의 나라는 먹는 것과 마시는 것이 아니요 오직 성령 안에 있는 의와 평강과 희락이라"(로마서 14:17)고 말합니다. 하나님의 나라는 하나님 영의 지배하에 자신의 삶을 드리는 사람에게 구현되는 영적 실재로 볼 수 있습니다. 그 나라의 성격은 정의의 나라이고 평화의 나라이며 기쁨의 나라입니다. 그것은 예수가 강조한 사랑의 나라이며 섬김의 나라입니다.

이 세상에서는 사랑이 아닌 증오가, 섬김이 아닌 지배 또는 우월이, 정의가 아닌 불의와 부패가, 평화가 아닌 싸움이, 기쁨이 아닌 슬픔이 지배하는 때가 많습니다. 하나님의 나라를 구한다는 것은 이러한 악이 지배하는 세상에서 하나님 영의 다스림하에 그리스도께서 보여주신 것과 같이 하나님의 뜻에 따라 사랑과 섬김과 정의와 평화와 기쁨의 나라를 건설해나가는 것입니다. 사도 바울이 지적한 것 같이 많은 사람이 성령 안에서 의와 평화와 기쁨의 나라를 건설하는 것보다는 먹고 마시는 데에 더 관심이 있습니다. 그러기 때문에 예수도 산상설교에서 무엇을 먹을까 무엇을 마실까 무엇을 입을까 염려하지 말고 "너희는 먼저 그의 나라와 그의 의를 구하라 그리하면 이 모든 것을 너희에게 더하시리라"(마태복음 6:33)라고 말씀했습니다.

하나님의 나라는 또한 겨자씨와 누룩과 같은 성격을 같습니다. 예수는 "천국은 마치 사람이 자기 밭에 갖다 심은 겨자씨 한 알 같으니/ 이는 모든 씨보다 작은 것이로되 자란 후에는 풀보다 커서 나무가 되매 공중의 새들이 와서 그 가지에 깃들이느니라"(마태복음 13:31-32)고 말씀합니다. 겨자씨는 아주 작지만, 1-2년 자라면 그 키가 1-2m에 이르는 겨자나무로 클 만큼 생육이 빠릅니다. 즉, 겨자씨는 빨리 확장하는 성격을 지녔습니다. 천국이 마치 겨자씨처럼 처음에는 작게 시작하지만 빨리 확장되고 결국 공중의 새들까지도 그 가지에 깃들게 하는 생명력을 갖는다는 말씀입니다. 겨자씨 비유와 마찬가지로 "천국은 마치 여자가 가루 서 말 속에 갖다 넣어 전부 부풀게 한 누룩"과 같습니다(마태복음 13:33). 여기서 누룩은 이스트를 말합니다. 우리가 빵을 만들 때 밀가루 반죽에 반드시 넣어야 하는 것이 이스트입니다. 이스트가 하는 역할은 발효를 일으켜서 가루 반죽을 부풀게 하는 역할을 합니다. 천국은 마치 누룩과 같다는 말씀은 밀가루 반죽을 부풀게 하는 것과 같은 확장성을 의미합니다.

천국은 작은 겨자씨와 누룩에서 시작되지만 그것은 커 나가고 부풀러 올라 더 크게 확장되어 나갑니다. 천국은 예수의 말씀과 하나님의 영의 역사에 의해 거듭난 한 사람의 삶에서 시작되지만 그것은 사람들 사이로, 공동체로 확장되어서 수많은 생명이 깃들이는 역사가 됩니다. 그렇기 때문에 천국은 좋은 땅에 뿌려진 씨앗과 같이 결실하여 삼십 배, 육십 배, 백 배로 확장되어 나갈 수 있습니다(마태복음 13:23).

예수는 우리의 삶에서 하나님의 나라, 즉 천국을 구하는 것의 큰 중요성을 강조합니다. 예수는 "천국은 마치 밭에 감추인 보화"와 같아 사람이 이를 발견한 후 숨겨두고 기뻐하며 돌아가서 자기의 소유를 다 팔아 그 밭을 산다고 말합니다(마태복음 13:44). 자기 소유를 다 팔아서 천국이라는 보화가 숨겨진 그 밭을 살 정도로 하나님의 나라가 지닌 중요성은 그 무엇과도 비교할 수 없습니다. 그러나 많은 사람이 가장 큰 가치를 지닌 하나님의 주권적 통치를 따르는 삶을 추구하는 천국을 구하는 데에 어려움을 겪습니다. 예수에게 어떻게 영생을 얻을 수 있을까를 물었던 한 부자 젊은이의 예는 이러한 실례를 잘 보여줍니다. 부자 청년은 지금까지 계명을 충실히 지키는 삶을 살아왔으나 그 재산을 팔아 가난한 사람들에게 나눠주고 자신을 따르라는 예수의 말씀에 재산이 많은 관계로 근심하며 돌아갑니다. 예수를 따른다는 것은 하나님의 나라를 추구하며 살아가는 것입니다. 그러나 부자 청년에게는 하나님의 나라를 지향하며 살아가는 일에 자신의 기득권인 재물이 큰 장애물이 되었습니다. 그래서 예수는 "재물이 있는 자는 하나님의 나라에 들어가기가 심히 어렵도다"(마가복음 10:23) 하시며, "낙타가 바늘귀로 나가는 것이 부자가 하나님의 나라에 들어가는 것보다 쉬우니라"(마가복음 10:25)고 말씀합니다.

예수의 복음을 듣는 오늘날의 많은 사람들은 천국에 들어가고 싶어 하며 그리고 부의 가치도 추구하고자 합니다. 그러나 복음서의 천국 이야기를 통해 우리는 천국에 들어가기 위해서는 부와 기득권을 내려놓을 수 있어야 하며 그 무엇보다도 천국을 지향하며 살아가는 것이 가장 큰 가치를 지닌 삶임을 인식할 수 있습니다. 그렇기 때문에 예수는 "하나님의 나라를 위하여 집이나 아내나 형제나 부모나 자녀를 버린 자는/ 현세에 여러 배를 받고 내세에 영생을 받지 못할 자가 없느니라"(누가복음 18:30)고 말씀합니다.

예수의 복음을 믿는 모든 사람은 하나님의 나라, 즉 천국 복음을 위하여 나를 따르라는 예수의 명령을 듣고 있습니다. 우리는 우리가 살고 있는 터전 위에서, 즉 가정과 학교, 직장과 사회 공동체에서 하나님의 나라를 구하여 사랑과 평화, 정의와 겸손, 섬김과 나눔이 넘치는 기쁨의 삶과 공동체를 만들기 위하여 노력해야 합니다. 그리하여 하나의 겨자씨와 누룩으로서 하나님의 나라를 확장해나가야 합니다. 하나님의 나라는 예수의 오심과 함께 이미 도래했고 현재도 임하고 있습니다. 그렇기 때문에, 예수는 주기도문에서 "(당신의) 나라가 임하오시며 뜻이 하늘에서 이루어진 것 같이 땅에서도 이루어지이다"(마태복음 6:10)라는 기도를 가르쳤습니다. 예수의 복음을 따르는 사람들은 '당신의 나라가 임하옵소서'라고 계속 기도해야 하며 하나님의 뜻이 하늘에서와 같이 이 땅 위에서 이루어지기 위해 기도하고 실행하며, 그 비전을 소망하며 살아야 합니다.

이미 언급한 것과 같이 하나님 나라의 완성은 마지막 종말의 때에 옵니다. 예수가 전한 천국에 관한 메시지는 현재와 미래 사이의 긴장을 보여줍니다. 예수는 하나님의 나라는 이미 온 것으로 그리고 오고 있는 것으로 말합니다. 예수는 귀신 들려 눈멀고 말 못 하는 사람을 고쳐주며 "내가 하나님의 성령을 힘입어 귀신을 쫓아내는 것이면 하나님의 나라가 이미 너희에게 임하였느니라"(마태복음 12:28)고 말합니다. 그러나 예수는 하나님의 나라를 여러 차례 미래적으로 말합니다. 마태복음 25장에서 하나님의 나라는 마지막 종말의 때 마지막 심판과 함께 오는 "예비된 나라"(마태복음 25:34)로 표현됩니다. 그 예비된 나라에 들어가는 중요한 준거는 "너희가 여기 내 형제 중에 지극히 작은 자 하나에게 한 것이 곧 내게 한 것이니라"(마태복음 25:40)와 같이 이 땅의 지극히 보잘것없는 사람들에게 하는 선행이 됩니다. 주린 사람에게 먹을 것을 주고 헐벗은 사람을 입혀주며, 병든 사람을 돌보아주고 갇힌 사람을 찾아보는 것이 바로 예수 자신에게 한 것이라고 말합니다. 예수의 재림과 함께 오는 그 준비된 하나님 나라의 도래의 때는 하나님 이외에 어느 누구도 모릅니다(마태복음 24:36). 그렇지만 중요한 것은 깨어 기다리는 것이라고 강조합니다(마태복음 24:43).

복음서를 넘어서서 서신서에서는 이 도래하는 하나님의 나라를 새 하늘과 새 땅이라고 부릅니다. 요한계시록 21장은 "새 하늘과 새 땅"을 말하며 "하나님이 그들과 함께 계시리니 그들은 하나님의 백성이 되고 하나님은 친히 그들과 함께 계셔서/ 모든 눈물을 그 눈에서 닦아 주시니 다시는 사망이 없고 애통하는 것이나 곡하는 것이나 아픈 것이 다시 있지 아니하리니 처음 것들이 다 지나갔음이러라"(요한

계시록 21:3-4)고 말합니다. 하나님의 주권적 통치가 완전히 이루어지는 미래에 하나님의 나라가 도래할 때 하나님은 그분의 백성들과 함께 하시며 그 나라에서는 더 이상 사망과 눈물과 슬픔과 질병은 없을 것입니다. 성서는 이러한 새 하늘과 새 땅을 소망하며 기다릴 때에 중요한 것으로 위에서 언급한 것처럼 깨어 있어야 하며 또한 거룩한 행실과 경건함(베드로후서 3:11)으로 기다려야 한다고 말합니다.

제 5 장

예수 그리스도의 십자가의 고난

1. 메시아의 의미

예수가 당한 십자가의 고난을 이해하려면 메시아라는 말을 알아야 합니다. 거의 모든 사람이 그리스도라는 말을 들어보았을 것입니다. 이 말의 어원은 헬라어 크리스토스(*christos*)에서 찾아볼 수 있는데, 히브리어로는 메시아(mashiah)가 됩니다. 메시아는 '기름부음을 받은 자'라는 의미입니다. 구약성서에서 메시아는 하나님의 대변자로서 이 땅의 왕국을 통치하는 군주(대제사장, 예언자)를 지칭하였는데, 후대로 가면서 미래에 이 땅 위에 하나님의 왕국을 세우기 위해 오시는 위대한 왕을 의미하게 되었습니다. 왜냐하면 북왕국 이스라엘과 남

왕국 유다가 하나님의 심판에 의해 주변의 제국들에 의해 멸망하면서 더 이상 하나님을 대변하여 백성들을 통치하는 왕이 없어졌기 때문입니다. 예언서들은 오실 메시아에 대한 예언들에 관해 말합니다: "오실 메시아는 다윗의 자손으로 다윗의 혈통에서 나와 정의와 공의로 다스린다"(이사야 9:1-7; 11:1-9), "메시아는 유다의 베들레헴에서 나올 것이다"(미가 5:2), "메시아는 공의로우며 구원을 베풀며 겸손하여서 나귀 새끼를 타고 온다"(스가랴 9:9). 시간이 가면서 유대인들은 메시아에 관한 강렬한 소망과 기대를 갖게 됩니다. 예수님 당시에 이스라엘은 로마 제국의 식민지로 외세 통치를 받고 있었습니다. 그렇기에 대다수 이스라엘 백성은 그들을 정치적으로 해방하고 로마인들의 통치를 끝낼 다윗과 같은 위대한 왕으로서 정치적 메시아에 대한 강한 소망과 기대를 품고 있었습니다.

그러나 예수는 무력과 전쟁을 통해 제국의 통치를 끝장내고 백성들을 지배하고 그들 위에 군림하는 세속의 왕과 같은 정치적 메시아가 아니라, 자신의 고난을 통해 인류를 섬기고 구원하는 구세주로서의 메시아로 자신의 정체성을 분명히 밝힙니다. 그렇기에 복음서는 구약의 이사야서 53장에 나오는 하나님의 고난 받는 종으로서 온 세계를 구원하는 메시아적 정체성을 강조합니다.

"그는 실로 우리의 질고를 지고 우리의 슬픔을 당하였거늘 우리는 생각하기를 그는 징벌을 받아 하나님께 맞으며 고난을 당한다 하였노라/ 그가 찔림은 우리의 허물 때문이요 그가 상함은 우리의 죄악 때문이라 그가 징계를 받으므로 우리는 평화를 누리고 그가 채찍에 맞음으로 우리는 나음을 받았도다/ 우리는 다 양 같아서 그릇 행하여 각기 제 길로 갔거늘 여호와께서는 우리 모두의 죄악을 그에게 담당시키셨도다"(이사야 53:4-7).

이사야서 53장에 예언된 고난 받는 하나님의 종은 인간의 고통과 슬픔, 허물과 죄악을 대신 짊어지고 찔리고 상함을 받습니다. 그의 이러한 고난의 징계를 통해 인간은 평화를 누리고 연약함으로부터 나음을 받습니다. 병든 자들을 고치시는 예수의 치유에 대해 마태복음 8장 17절은 "이는 선지자 이사야를 통하여 하신 말씀에 우리의 연약한 것을 친히 담당하시고 병을 짊어지셨도다 함을 이루려 하심이더라"고 말하며, 로마서 4장 25절은 "예수는 우리가 범죄한 것 때문에 내줌이 되고"라고 말함으로써 이사야서의 예언이 성취된 것을 보여줍니다. 예수 자신도 마가복음 10장 45절에서 "인자가 온 것은 섬김을 받으려 함이 아니라 도리어 섬기려 하고 자기 목숨을 많은 사람의 대속물로 주려 함이니라"고 말함으로써 자신의 고난과 섬김을 통해 인류를 구원하는 메시아로서 온 것을 분명히 밝힙니다.

2. 예수가 십자가를 지게 된 과정

가장 먼저 기록된 복음서인 마가복음에서 예수는 자신의 십자가에서의 수난과 부활을 세 차례에 걸쳐 예고합니다(마가복음 8:31-37; 9:30-32; 10:32-34). 예수는 "인자가 많은 고난을 받고 장로들과 대제사장들과 서기관들에게 버린 바 되어 죽임을 당하고 사흘 만에 살아나야 할 것을 비로소 그들에게 가르치"(마가복음 8:31)심을 통해 자신의 십자가에서의 고난과 사흘 만에 다시 살아날 것을 예고합니다. 그렇지만 제자들은 여전히 예수의 메시아직에 대해서 잘 이해하지 못하고 아직도 세상의 관점에서 예수의 사역을 평가합니다. 예수의 수제자였던 베드로는 예수님의 고난에 대해 드러내놓고 항의를 하고 예수는 베드로에게 "사탄아 내 뒤로 물러가라 네가 하나님의 일을 생각하지 아니하고 도리어 사람의 일을 생각하는도다"(마가복음 8:33)라고 심하게 꾸짖습니다. 그러면서 예수는 제자들과 무리에게 "누구든지 나를 따라오려거든 자기를 부인하고 자기 십자가를 지고 나를 따를 것이니라(마가복음 8:34)고 말함으로써 제자로서 예수를 따르는 것이 세상의 성공과 높은 자리로 올라가는 것이 아니라 하나님의 뜻을 실현하는 데에서 오는 고난의 자기 십자가를 져야 하는 것임을 분명히 드러냅니다.

예수가 십자가에서의 죽은 것을 이해하는 데에 중요한 사건이 예수의 성전정화 사건(마가복음 11:15-18)입니다. 사복음서에 따르면 예수는 성전에 들어가 성전 안에서 매매하는 자들과 환전하는 사람들과 비둘기 파는 사람들의 의자를 둘러엎으시고 만민이 기도하는 집인 성전을 강도의 소굴로 만들었다고 비판하십니다. 이 행위는 당시 성전에서 매매와 종교세를 통해 경제적 이익을 얻고 있었던 종교적 기득권층인 대제사장들과 서기관들을 비판한 것입니다. 이 사건으로 대제사장들과 서기관들은 예수를 죽일 음모를 꾀하게 됩니다.

최후의 만찬 석상에서 예수는 자신의 죽음의 의미를 말씀합니다. 예수는 빵을 가리켜 자신의 몸이라 일컫고 포도주 잔을 제자들에게 주며 "이것은 죄 사함을 얻게 하려고 많은 사람을 위하여 흘리는 바 나의 피 곧 언약의 피니라"(마태복음 26:28)고 말씀함으로써 자신의 십자가에서의 죽음이 인간의 죄를 용서하기 위한 하나님과 인간의 새로운 언약의 희생이라는 것을 밝힙니다.

예수는 잡히기 전 겟세마네에서 고뇌에 찬 기도를 합니다. 당시 그는 매우 놀라고 슬퍼하였으며 심히 고민하여 죽게 되었다고 성서는 말합니다(마가복음 14:33). 그러한 고통 가운데서 그의 기도는 "아빠 아버지여 아버지께는 모든 것이 가능하오니 이 잔을 내게서 옮기시옵소서 그러나 나의 원대로 마시옵고 아버지의 원대로 하옵소서"(마가복음 14:36)였습니다. 겟세마네 동산에서 드린 동일한 세 번의 기도를 통해 예수는 하나님 아버지의 뜻을 재차 확인하고, 십자가의 수난의 길을 가기로 작정합니다.

예수는 대제사장들과 장로들과 율법학자들이 보낸 무리에게 잡혀서 유대교의 산헤드린 공회에 서게 됩니다. 그는 산헤드린 공회에서 하나님의 아들과 그리스도를 참칭한 신성모독죄로 사형에 해당하는 정죄를 받습니다. 그러나 사형에 처할 권한은 당시의 로마 총독에게 있었기 때문에, 대제사장들과 장로들과 율법학자들은 예수를 총독인 빌라도에게 결박하여 끌고 갑니다. 빌라도는 예수에게 십자가형에 처할 죄가 없다는 것을 알고 있었지만 대제사장들이 충동한 무리의 요구에 따라 예수를 채찍질하고 십자가형에 처하게 합니다.

예수는 십자가 위에서 죽어가면서 "나의 하나님, 나의 하나님 어찌하여 나를 버리셨나이까"(마가복음 15:34)라고 크게 외치며 자신의 버림받음에 고통스러워합니다. 예수는 십자가 위에서 자신을 십자가의 고통으로 몰고 간 사람들을 용서합니다: "아버지 저들을 사하여 주옵소서 자기들이 하는 것을 알지 못함이니이다"(누가복음 23:34). 예수는 마지막으로 그의 영혼을 아버지께 맡긴다는 말과 다 이루었다는 말씀을 남기고 숨을 거둡니다(누가복음 23:46; 요한복음 19:30).

3. 예수가 십자가에서 죽은 이유는 무엇인가?

예수가 십자가에서 죽은 이유로 우리는 그가 죽음에 이르는 실제적인 이유와 성서가 말하는 인류 구원을 위한 신학적 의미에 관해서 살펴보고자 합니다. 예수의 십자가 죽음의 이유에는 세 부류의 사람이 등장합니다. 첫 번째 부류는 예수를 배신한 사람으로, 예수의 이너서클에 있었던 열두 제자 중 한 명이었던 가룟 유다가 대표적입니다. 유다가 예수를 배신한 이유에 대해 여러 가지 주장이 있지만, 성서는 그가 돈에 대한 탐욕으로 스승을 배신하고 그를 잡으려고 했던 사람들에게 넘겨주었다고 말합니다.

두 번째 부류는 예수를 죽이려고 했던 사람들로 당시의 종교 지도자들이었던 대제사장들과 율법학자들과 바리새인들이었습니다. 예수의 성전정화 사건과 그의 말씀은 성전을 통하여 종교적 이권을 얻고 있었던 대제사장들과 서기관들에게 위협이 되고 그들은 자신의 기득권을 지키기 위해 예수를 죽일 음모를 꾸밉니다. 또한 서기관들과 바리새인들은 죄의 용서와 안식일 해석 등에 대한 예수의 주장을 신성모독이라고 여겼습니다. 그러나 종교적 죄목인 신성모독죄로만 예수를 십자가에서 처형할 수는 없었기에, 예수를 죽이려고 했던 당시 유대교 지도자들은 로마의 총독이었던 빌라도를 찾아가 예수가 메시아, 즉 유대인의 왕이라 자칭하였다는 정치적 죄목으로 예수를 죽이게 합니다.

세 번째 부류의 사람은 사도신경에도 항상 나와 자신의 이름을 부끄럽게 만든 당시 로마 총독 본디오 빌라도입니다. 빌라도는 예수에게 십자가형에 처할 죄가 없다는 것을 알았지만, 그는 대제사장들의 사주를 받은 백성들의 소요에 민란이 일어날 것을 우려하여 손을 씻으며 예수의 피에 대하여 자신은 무죄하다고 주장하며 예수를 십자가형에 처할 명령을 내립니다. 예수가 십자가에서 죽은 직접적인 원인은 이 세 부류의 사람들이 지고 있습니다. 유다는 돈에 대한 탐욕으로 예수를 십자가형에 넘겨주고 대제사장들과 장로들과 율법학자들과 바리새인들은 자신의 종교적 기득권을 지키기 위해 그리고 로마 총독인 빌라도는 자신의 정치적 권력을 지키기 위해 예수를 십자가형에 처하게 합니다.

사도 바울은 로마서에서 "예수는 우리가 범죄한 것 때문에 내줌이 되고 또한 우리를 의롭다 하시기 위하여 살아나셨느니라"(로마서 4:25)고 말합니다. 예수가 십자가에서 죽은 것은 직접적으로 예수를 죽음으로 몰고 간 가룟 유다와 유대교의 종교 지도자들과 본디오 빌라도와 로마 병사들의 죄만이 아니라 우리의 죄도 포함하고 있습니다. 달리 말하면, 그들의 돈에 대한 탐욕과 기득권에 대한 욕심과 권력에 대한 욕망에서 우리 자신의 욕망과 죄악을 발견하게 됩니다. 그렇기 때문에 골고다 언덕의 십자가에는 죄인된 우리 자신도 그곳에 있었다고 말할 수 있는 것입니다. 예수를 십자가형으로 몰고 갔던 직접적인 가해자들만이 아니라 우리도 그들과 마찬가지로 물질에 대한 욕망과 기득권과 권력에 대한 욕심으로 인해 같은 죄를 범하고 있습니다. 그런 점에서 예수는 우리의 범죄 때문에 십자가에 내줌이 되었다고 성서는 말합니다.

4. 예수의 십자가 죽음의 신학적 의미

(1) 온 인류와 세계를 위해 당하는 고난

메시아이신 예수는 고난당하는 하나님의 종으로서 이사야서 53장의 예언을 성취합니다. 고난 받는 종(이사야 53:1-12)으로서 그는 인간의 고통과 슬픔, 허물과 죄악을 대신 짊어지고 채찍과 찔림의 징계를 받음으로써 인류가 평화를 누리게 하고 연약함으로부터 나음을 받게 합니다. 신약성서는 예수가 십자가에 달려 죽은 것이 한 개인의 의로운 죽음이 아니라 온 인류와 세계를 위한 죽음이라고 말합니다. 메시아로서 예수는 온 인류의 죄악과 세상의 모든 고난을 자신에게 집중시키고 친히 그 죄와 고난을 대신 짊어지고 온 인류를 위하여 고난을 당하십니다.

(2) 죄인들을 위한 고난, 인간을 용서하고 자유롭게 하는 고난

십자가의 신학적 의미에 대해 사도 바울은 "우리가 아직 연약할 때에 기약대로 그리스도께서 경건하지 않는 자를 위하여 죽으셨도다"(로마서 5:6)라고 말합니다. 또한 요한계시록은 "우리를 사랑하사 그의 피로 우리 죄에서 우리를 해방하시고"(요한계시록 1:5)라고 말합니다. 예수가 십자가에 달려 당한 고난은 경건하지 못한 죄인들을 위한 죽음이며 그 죄인들의 죄를 해방시키는 죄로부터 자유하게 하는 고난이라는 것입니다. 하나님께서는 예수 그리스도의 십자가 고난을 통해 인간의 죄를 용서하셨습니다.

(3) 모든 인간의 연약함과 고통을 포괄하는 고난, 고난당하는 사람들과 함께 하는 고난

예수의 십자가는 우리의 아픔과 절망에 함께 합니다. 마태복음은 이사야서 53장 4절을 인용하여 "우리의 연약한 것을 친히 담당하시고 병을 짊어지셨도다 함을 이루려 하심이더라"(마태복음 8:17)고 말합니다. 예수는 인간의 연약함과 질병을 짊어지고 그의 십자가의 고난을 통해 인간의 고통과 절망의 상황에 함께 하시며 고난받고 버림받으신 예수는 고난받고 버림받은 사람과 함께 하십니다.

(4) 하나님의 인간을 향한 사랑

사도 바울은 로마서에서 그리스도의 십자가를 통한 하나님의 사랑에 관해 말합니다: "우리가 아직 죄인되었을 때에 그리스도께서 우리를 위하여 죽으심으로 하나님께서 우리에게 대한 자기의 사랑을 확증하셨느니라"(로마서 5:8). 예수 그리스도의 자기희생을 통한 십자가에서의 사랑으로 하나님의 인류를 향한 사랑이 계시되었음을 말합니다.

(5) 하나님과 인간과의 관계 화해

성서는 인간의 죄로 말미암아 인간은 하나님으로부터 상실되고 멀어졌다고 말합니다. 이스라엘의 죄악으로 인한 실패는 이를 잘 보여줍니다. 그러나 사도 바울은 로마서에서 "곧 우리가 원수되었을 때에 그의 아들의 죽으심으로 말미암아 하나님과 화목하게 되었은즉 화목하게 된 자로서는 더욱 그의 살아나심으로 말미암아 구원을 받을 것이니라"(로마서 5:10)고 말합니다. 하나님을 거역한 죄로 인해 하나님의 진노하심을 받고 적대적 관계에 놓였던 인간은 그리스도의 죽음으로 인해 하나님과 화해할 수 있게 되었습니다.

(6) 악과 사탄의 세력에 대한 하나님의 결정적인 승리

예수의 십자가 죽음은 죄와 죽음을 장악하고 있는 사탄의 세력을 무력화하고 죽음에 대한 두려움으로 죽음의 종노릇 하는 인간을 해방합니다. 히브리서는 "자녀들은 혈과 육에 속하였으매 그도 또한 같은 모양으로 혈과 육을 함께 지니심은 죽음을 통하여 죽음의 세력을 잡은 자 곧 마귀를 멸하시며/ 또 죽기를 무서워하므로 한평생 매여 종노릇 하는 모든 자들을 놓아 주려 하심이니"(히브리서 2:14-15)라고 십자가에 관해 말합니다. 예수가 인간과 같이 혈과 육을 갖고 십자가의 죽음을 통하여 마귀를 멸하고 죽음에 대한 공포로 노예화된 인간을 해방시키게 되었다고 말합니다.

(7) 인간은 자신의 죄와 욕심을 십자가에 못 박아야 함을 의미

예수는 인간의 죄와 욕심으로 인해 십자가에서 죽었습니다. 그러

므로 예수의 십자가를 믿는 사람은 예수가 십자가에 못 박히신 것과 같이 자신의 정욕과 탐욕을 십자가에 못 박아야 하고 죄로부터 자유로워져야 함을 의미합니다. 사도 바울은 갈라디아서에서 "그리스도 예수의 사람들은 육체와 함께 그 정욕과 탐심을 십자가에 못 박았느니라"(갈라디아서 5:24)고 말합니다. 인간의 죄와 탐욕을 십자가에 못 박고 더 이상 죄의 종노릇 하는 것이 아니라 사랑으로 서로를 섬겨야 함을 말합니다.

제 6 장

예수 그리스도의 부활

1. 성서가 증언하는 부활이란 무엇인가?

부활이란 말 그대로 "다시 살아났다"는 의미입니다. 그러나 예수가 다시 살아났다는 것은 다시 살아났다는 의미를 넘어서서 새로운 영원한 생명이 시작되었음을 뜻합니다. 부활이란 죽은 자가 다시 살아나는 소생과는 구별되는데, 부활은 영원한 생명의 시작을 의미하기 때문입니다. 예수의 사역을 보면 이미 죽은 자가 소생하는 기적의 사건을 만날 수 있습니다: 요한복음 11장에서 이미 나흘 전에 죽은 나사로가 다시 살아나는 것과 누가복음 7장에서 과부의 아들이 다시 살아나는 것. 이렇게 소생한 사람들도 결국은 죽었습니다. 그러나 부

160_ 제2부 신약성서 이야기

활은 다시 살아남의 차원을 넘어서서 영원한 생명의 시작을 의미합니다. 성서의 증언에 따르면 예수는 자신의 십자가의 죽음과 사흘 만에 다시 살아남을 예고한 것과 같이 죽은 자 가운데서 다시 살아나 자신을 따랐던 사람들 앞에 나타남으로써 죽음이 끝이 아니라 영원한 생명이 있음을 사람들에게 알렸습니다.

부활은 기독교 신앙의 핵심을 이루는데, 사도 바울은 고린도전서 15장에서 "그리스도께서 만일 다시 살아나지 못하셨으면 우리가 전파하는 것도 헛것이요 또 너희 믿음도 헛것이며"(고린도전서 15:14)라고 말하며 부활이 기독교 신앙의 핵심인 것을 강조합니다. 또한 그는 "만일 그리스도 안에서 우리가 바라는 것이 다만 이 세상의 삶뿐이라면 모든 사람 가운데 우리가 더욱 불쌍한 자이리라"(고린도전서 15:19)고 말함으로써 부활이 없는 십자가의 삶의 비참함을 말하며 기독교 신앙이 바라는 삶이 이 세상을 넘어선 것임을 밝힙니다. 결국 다시 살아남과 영원한 생명의 삶을 의미하는 부활을 통해 기독교 신앙이란 인간의 육체적 죽음이 인간의 마지막이 아니라 더 큰 소망의 자리가 있음을 보여줍니다. 예수 그리스도의 부활은 이 세상의 삶만이 아니라 죽음을 넘어서는 새로운 초월적 차원의 영원한 생명의 역사가 있음을 드러내며 그러한 부활의 그리스도를 믿는 것은 현재를 넘어 다가오는 미래를 바라며 사는 것이라고 할 수 있습니다.

그리스도의 부활을 믿고 살아간다는 것은 미래의 영원한 생명에 대한 희망을 품고 살아가는 것이며 현재의 삶에 견실하며 변화된 삶을 살아가는 것을 의미합니다. 그리스도의 부활은 그리스도와 함께 연합된 사람들의 부활에 대한 약속을 주었습니다. 이러한 부활에 참여하기 위해서 우리는 현재의 삶에서 예수의 말씀에 따라 최선을 다하는 삶을 살아야 합니다. 즉 현재의 삶을 잘 살아가는 것이 부활에 참여하는 데에 있어 중요합니다. 부활을 믿는다는 것은 우리의 삶이 변화됨을 의미합니다. 예수의 십자가 처형 이후 두려움에 떨던 예수의 제자들은 부활한 예수를 만나고 나서 두려움에서 큰 용기를 가진 사람들로 변화됩니다. 그들은 더 이상 죽음을 두려워하지 않고 예수의 십자가와 부활을 선포하였습니다.

2. 복음서에 나오는 예수의 부활에 대한 증언

사복음서는 그 마지막 부분에서 예수의 부활을 핵심적으로 증언합니다. 공관복음서에서 예수의 부활에 관한 증언은 여인들이 빈 무덤을 발견한 것과 제자들이 부활한 예수를 만나는 것이 중심을 이룹니다. 마가복음 16장에서는 여인들이 빈 무덤을 발견한 것과 제자들이 갈릴리에서 예수님을 만날 것이라는 청년의 선포에 초점을 둡니다. 마태복음 28장은 빈 무덤과 함께 갈릴리에서 예수를 만나리라는 천사의 선포가 중심을 이루고, 16-20절에서는 부활한 예수의 지상 명령을 말합니다. 특히, 20절은 "내가 세상 끝날까지 너희와 항상 함께 있으리라 하시니라"는 말씀을 통해 부활한 예수가 그의 제자들에게 스승으로서 언제나 함께 하실 것이라는 약속을 강조하고 있습니다. 누가복음 24장은 빈 무덤과 함께 예수가 갈릴리에 계실 것이라는 천사들의 선포가 주를 이룹니다. 요한복음도 20-21장에서 막달라 마리아와 제자들이 빈 무덤을 발견한 것을 증언합니다. 사복음서에서 공통적으로 부활의 첫 증언자들은 여인들이었습니다. 당시 이스라엘 사회에서 여인들은 신뢰할 만한 증인들로서 간주되지 않았던 점을 고려할 때, 사복음서가 일관성 있게 부활의 첫 증언자들이 여성이었다고 밝히는 사실은 부활의 역사적 증거를 오히려 더 신뢰하게 만듭니다.

마태복음을 보면 예수의 부활 소식을 들은 여인들은 무서움과 큰 기쁨에 휩싸입니다. 그들을 만난 부활한 예수는 "평안하냐"(마태복음 28:9)는 인사를 합니다. 누가복음에서도 열한 제자에게 나타난 부활한 예수의 인사는 "너희에게 평강이 있을지어다"(누가복음 24:36)였습니다. 요한복음에서도 두려움에 휩싸인 제자들에게 나타난 예수의 인사는 "너희에게 평강이 있을지어다"(요한복음 20:21)였습니다. 예수의 십자가의 죽음으로 인해 그리고 부활한 예수와의 만남으로 인해 두려움에 싸인 제자들에게 예수는 평강을 전합니다. 그런 점에서 예수의 부활은 두려움으로부터 평화로의 전환을 의미합니다. 복음서에서 예수의 부활은 몸의 부활의 실체성을 강조합니다. 부활한 예수를 만난 제자들은 영(유령)으로 생각하고 두려워했으나 부활한 예수는 자신의 손과 발을 보이며 만져보라 권합니다(누가복음 24:36-43). 요한복음에서도 제자들에게 손과 옆구리를 보이고 부활을 의심한 제자 도마에게 십자가에 못 박힌 손과 창에 찔린 옆구리를 만져보라고 합니다. 복음서가 증언하는 부활은 몸의 부활을 의미합니다. 도마와의 대화를 통하여 또한 그리스도의 신성과 부활의 실재에 대한 믿음을 강조합니다: 도마가 대답하여 이르되 "나의 주님이시요 나의 하나님이시니이다/ 예수께서 이르시되 너는 나를 본고로 믿느냐 보지 못하고 믿는 자들은 복되도다 하시니라"(요한복음 20:28-29).

3. 부활의 신학적 의미

(1) 예수의 부활은 그가 주와 그리스도와 하나님의 아들 되심과 그의 말씀을 하나님께서 확증하셨음을 보여줍니다.

"그런즉 이스라엘 온 집은 확실히 알지니 너희가 십자가에 못 박은 이 예수를 하나님이 주와 그리스도가 되게 하셨느니라 하니라"(사도행전 2:36).

(2) 성서는 예수 그리스도의 부활로 인해 죽음이 폐기되고 마지막에 죽은 자의 부활을 실현하실 것이라고 말합니다. 예수의 부활은 자

신의 부활로 끝나는 것이 아니라 그를 믿는 모든 자의 부활을 가능하게 하는 신앙인의 부활에 대한 인증입니다.

"아담 안에서 모든 사람이 죽은 것 같이 그리스도 안에서 모든 사람이 삶을 얻으리라"(고린도전서 15:22).

(3) 부활은 새로운 생명의 시작을 의미합니다. 성서는 이러한 새로운 생명의 시작을 씨의 비유로 표현합니다. 뿌린 씨가 죽고 다른 형태의 나무가 자라나듯이 그리고 애벌레가 나비로 변화되듯이 부활을 통하여 우리는 새로운 몸을 갖게 될 것이고, 부활된 몸은 현재의 썩음과 연약함을 벗고 새로운 영적인 몸이 될 것입니다.

"어리석은 자여 네가 뿌리는 씨가 죽지 않으면 살아나지 못하겠고/ 또 네가 뿌리는 것은 장래의 형체를 뿌리는 것이 아니요 다만 밀이나 다른 것의 알맹이 뿐이로되… 죽은 자의 부활도 그와 같으니 썩을 것으로 심고 썩지 아니할 것으로 다시 살아나며/ 욕된 것으로 심고 영광스러운 것으로 다시 살아나며 약한 것으로 심고 강한 것으로 다시 살아나며/ 육의 몸으로 심고 신령한 몸으로 다시 살아나나니 육의 몸이 있은즉 또 영의 몸도 있으니라"(고린도전서 15:36-37, 42-44).

(4) 하나님과 구분되는 혈과 육을 지닌 인간의 몸으로는 종말론적

인 하나님 나라에 참여할 수 없습니다. 그리스도의 재림과 함께 나타날 부활을 알리는 소리인 마지막 나팔을 불 때 썩을 육체는 부활의 영적 몸으로 변화될 것이며 죽은 자와 살아 있는 자들이 변화된 몸으로 주님 앞에 서게 될 것입니다. 그리스도께서 죽음을 이기시고 부활하신 것처럼 그리스도인에게 사망은 멸망당할 것이며 궁극적 승리가 주어질 것입니다.

"형제들아 내가 이것을 말하노니 혈과 육은 하나님 나라를 이어 받을 수 없고 또한 썩는 것은 썩지 아니하는 것을 유업으로 받지 못하느니라/ 보라 내가 너희에게 비밀을 말하노니 우리가 다 잠 잘 것이 아니요 마지막 나팔에 순식간에 홀연히 다 변화되리니/ 나팔 소리가 나매 죽은 자들이 썩지 아니할 것으로 다시 살아나고 우리도 변화되리라/ 이 썩을 것이 반드시 썩지 아니할 것을 입겠고 이 죽을 것이 죽지 아니함을 입으리로다/ 이 썩을 것이 썩지 아니함을 입고 이 죽을 것이 죽지 아니함을 입을 때에는 사망을 삼키고 이기리라고 기록된 말씀이 이루어지리라/ 사망아 너의 승리가 어디 있느냐 사망아 네가 쏘는 것이 어디 있느냐"(고린도전서 15:50-55).

(5) 부활은 미래에 나타날 약속의 소망을 품고 현재의 삶에 충실할 것을 말합니다. 종말의 약속인 부활은 현재의 삶에 책임을 부여하고 현재의 삶을 강조합니다. 왜냐하면 부활은 우리가 현재의 삶을 충

실히 살아가는 데에 달려 있기 때문입니다.

"그러므로 내 사랑하는 형제들아 견실하며 흔들리지 말고 항상 주의
일에 더욱 힘쓰는 자들이 되라 이는 너희 수고가 주 안에서 헛되지 않
은 줄 앎이라"(고린도전서 15:58).

제 7 장

예수와 제자도

1. 여러분은 예수를 누구라 생각하십니까?

예수는 빌립보 가이사랴로 가는 도중에 길에서 제자들에게 사람들이 나를 누구라고 하느냐고 묻습니다. 제자들이 세례 요한 또는 엘리야 또는 예언자 가운데 한 분이라고 사람들이 말한다고 대답하자, 이제는 그들에게 직접적으로 묻습니다. "너희는 나를 누구라 하느냐?" 그러자 예수의 수제자인 베드로가 "주는 그리스도시니이다"(마가복음 8:29)라고 대답을 합니다. 이 기사의 병행구인 마태복음에서 베드로는 "주는 그리스도시오 살아 계신 하나님의 아들이시니이다"(마태복음 16:16)라고 대답하며, 누가복음에서는 "하나님의 그리스도시니

이다"(누가복음 9:20)라고 대답합니다. 세 본문이 고백하고 있는 것은 예수는 주님이시며 그리스도이시며 살아 계신 하나님의 아들이시라는 것입니다. 복음서와 신약성서를 읽는 독자들에게 '예수는 과연 누구인가?' 하는 물음은 핵심적인 질문입니다. 도상에서 제자들에게 너희는 나를 누구라 생각하느냐고 예수가 묻듯이 신약성서를 배우는 우리에게도 예수는 동일하게 너희는 나를 누구라 생각하느냐고 질문합니다. 여러분은 그 질문에 어떻게 대답하시겠습니까?

공관복음서보다 요한복음은 더 자주 예수가 누구인지에 관해서 제자들의 입이 아닌 예수 자신의 음성으로 말하고 있습니다.

(1) 길과 진리와 생명

"내가 곧 길이요 진리요 생명이니 나로 말미암지 않고는 아버지께로 올 자가 없느니라"(요한복음 14:6).

예수는 자신을 길과 진리와 생명이라고 말합니다. 예수 자신이 인생의 궁극적인 길이라고 밝힙니다. 예수의 인격과 삶이 인간이 궁극적으로 지향해야 할 길이라고 말합니다. 그러한 궁극적인 길로 가는 진리가 예수 자신을 통하여 제시되었다는 것을 드러냅니다. 예수의 이 선포 이후 예수의 제자 중 빌립이 하나님 아버지를 우리에게 보여달라고 요구합니다. 빌립의 그 질문에 예수는 "빌립아 내가 이렇게 오래 너희와 함께 있으되 네가 나를 알지 못하느냐 나를 본 자는 아버지를 보았거늘 어찌하여 아버지를 보이라 하느냐"(요한복음 14:9) 하고 반문합니다. 예수의 말씀은 예수를 본 것은 하나님을 본 것이며 예수를 알게 된 것은 하나님을 알게 된 것이라는 뜻입니다. 결국 눈에 보이지 않는 하나님의 진리가 예수를 통해서 이 땅에 나타났다는 것을 말하고 있습니다. 예수의 인격과 사역과 삶은 길과 진리를 드러내고 있고 그것은 또한 인간에게 참된 생명을 주는 것입니다. 예수 자신은 생명으로서 예수가 제시하시는 길과 진리를 따라 살아가는 삶은 또한 생명으로 변화하게 됩니다. 그것은 예수 자신에 관해 언급한 요한복음의 다른 말씀들을 통해 잘 드러납니다.

(2) 예수는 포도나무요 사람은 가지

"나는 포도나무요 너희는 가지라 그가 내 안에, 내가 그 안에 거하면 사람이 열매를 많이 맺나니 나를 떠나서는 너희가 아무 것도 할 수 없음이라"(요한복음 15:5).

포도는 가장 근본이 되는 줄기가 되는 나무가 있고 나무에는 뿌리가 연결되어 있으며 그 나무는 많은 가지를 갖고 있습니다. 그 가지들은 탐스럽고 맛있는 포도송이와 포도알이라는 열매를 맺어냅니다. 포도송이와 포도알은 크고 싱싱하고 맛이 있어야 먹는 사람들에게 유익을 줍니다. 즉, 포도송이가 그 가지에 주렁주렁 달리고 맛이 달아야 그것을 보고 먹는 사람들에게 그 의미와 가치가 있습니다. 예수는 우리의 인생을 포도나무와 그 가지의 열매에 비유해서 말씀하십니다. 우리 각각은 포도나무에 달려 있는 포도나무의 가지로서 포도송이/포도알이라는 과실을 맺는 존재라는 것입니다. 맛있고 실한 포도송이를 맺는 포도가지와 같이 우리의 삶이 풍성하고 아름답고 다른 사람들에게 유익을 주는 그러한 과실을 맺어야 한다는 말입니다. 가지에 비유되는 우리 인간이 그러한 삶의 아름답고 풍성한 과실을 맺기 위해서 우리에게는 좋은 포도나무가 필요하다고 말씀하십니다. 다시 말하면, 가지가 좋은 열매를 맺기 위해서는 좋은 포도나무에 붙어 있어야 한다는 것입니다. 그 참 포도나무가 예수 자신이라는 것입니다.

사람은 성인이 되어도 우리 인생에는 삶의 진리와 가르침과 교훈과 바른 인도가 필요합니다. 예수는 자신이 우리 인생에 그러한 길과 진리와 생명을 주는 분이라고 말합니다. 예수로부터 우리는 그분의 가르침을 통해 그 길과 진리와 생명을 배워야만 우리의 인생 안에서 풍성한 과실을 맺을 수 있습니다. 그래서 예수는 말합니다: "너희는 내 안에 거하라." 예수를 우리 삶의 길이요 진리와 생명으로 인정하고 예수 안에 나타난 그 진리와 생명을 듣고 배우고 그것을 내면화해서 살아갈 때 우리는 예수 안에 거하게 되고 그분의 말씀이 우리 안에 거하게 됩니다. 그러할 때 예수가 원하는 것과 우리가 원하는 것은 일치해나갑니다. 그 일치 속에서 우리가 원하는 것을 구하고 그것을 행할 때 우리는 삶의 열매를 풍성히 맺을 것이며 우리는 예수의 제자가 되고 우리의 삶을 통해 하나님께서는 영광을 받으실 것입니다.

2. 제자도

"예수는 누구인가?" 하는 주제는 필연적으로 제자도에 관해 말하게 합니다. 예수를 주님으로서 그리스도로서 고백하고 주님이시며 우리의 삶의 길과 진리와 생명으로서 고백한다는 것은 예수를 따르는 삶에 관해 말하지 않을 수 없게 만듭니다. 베드로가 예수를 그리스도로 고백한 이후 예수는 자신의 고난과 부활을 예고하고 나서, "누구든지 나를 따라오려거든 자기를 부인하고 자기 십자가를 지고 나를 따를 것이니라/ 누구든지 자기 목숨을 구원하고자 하면 잃을 것이요 누구든지 나와 복음을 위하여 자기 목숨을 잃으면 구원하리라"(마가복음 8:34-35)고 말씀합니다. 예수는 자신을 따르는 제자도의 핵심으로써 자기 부인과 자기 십자가를 지고 따르는 것에 대해 말합니다.

자기를 부인한다는 것은 인간이 가지고 있는 죄성, 즉 사람의 자기중심주의와 이기적 욕망을 포기하는 것을 의미합니다. 인간의 마음 안에는 철저하게 자기의 생존과 이익을 가장 우선시하는 모습들이 있습니다. 배가 침몰하는 순간에도 오직 자기 목숨만을 구하기 위해 다른 사람들의 생명과 안전을 아랑곳하지 않는 행태나 자기 이익을 위해 타인의 생명과 기본권을 전혀 고려하지 않는 행태와 같이 인간 안에는 자기중심적이고 이기주의적인 모습들이 있습니다. 자기를 부정한다는 것은 우리 안에 있는 이러한 모습들을 극복하고자 하는 것입니다. 이러한 자기중심적이고 이기적인 자아를 극복할 때 우리는 진정으로 하나님을 사랑할 수 있고 우리의 이웃을 나 자신을 사랑하는 것과 같이 사랑할 수 있게 됩니다. 자기 십자가를 지고 따른다는 것은 인류의 구원을 위해 예수가 고난의 십자가를 지신 것과 같이 예수의 정신과 가르침을 따라서 하나님 나라의 확장을 위하여 희생과 헌신과 땀과 눈물의 자기 십자가를 지는 것입니다.

예수가 말씀한 사랑과 정의와 섬김과 평화의 정신을 이 땅에서 실현하려면 많은 노력과 헌신이 필요합니다. 때로 그것은 우리의 자발적인 희생을 필요로 하는 고난을 요구하기도 합니다. 그렇기 때문에 예수는 우리에게 자기의 고난의 십자가를 지라고 말씀합니다. 어느 누구도 선뜻 고난의 십자가를 지기를 원하지는 않습니다. 그렇지만 예수가 겟세마네 동산에서 보여준 기도와 같이 우리 자신의 의지와 욕구보다 하나님의 뜻을 우선할 때 우리는 자기 고난의 십자가를 질 수 있습니다.

마태복음의 마지막 부분(마태복음 28:19-20)에서 자신의 죽음과 부활을 통하여 하늘과 땅의 모든 권세를 받은 예수는 자신이 사역을 시작했던 갈릴리에서 제자들에게 두 가지 지상명령을 줍니다. 그것은 모든 민족을 제자로 삼아 아버지와 아들과 성령의 이름으로 세례를 베푸는 것과 예수가 제자들에게 가르친 것을 그들에게 가르쳐 지키게 하는 것이었습니다.

부활 전 예수의 공생애 사역이 이스라엘에서의 복음 전파에 초점을 맞추었다면 그의 부활 후 하나님 나라의 복음은 온 세상 모든 민족에게로 전파되며, 예수는 제자들에게 이 세상의 모든 사람에게 복음을 전파하여 그들을 제자로 삼을 것을 명령합니다. 그리고 그것은 그들이 예수를 주님으로 고백하는 것만이 아니라 예수가 말씀과 모범으로 제자들에게 가르친 것을 가르치고 지키게 하는 것이었습니다. 예수의 제자가 된다는 것은 복음을 전파하여 다른 사람들을 예수의 제자로 삼는 것과 예수의 말씀을 배우고 가르치며 지키는 데에 최선을 다하는 것과 관련됩니다. 그러한 명령을 위임받은 제자들에게 예수는 "내가 세상 끝날까지 너희와 항상 함께 있으리라"(마태복음 28:20)고 격려하고 용기를 줍니다.

제 8 장

바울과 바울서신

1. 사도 바울

사도 바울은 예수의 가르침을 재진술하여 예수의 복음을 이스라엘 본토의 한 운동을 넘어서 로마 세계의 보편적 종교로 확장한 인물입니다. 그는 기독교의 초기 이방선교에서 가장 핵심적인 인물로서 이방인의 사도라고 불렸습니다. 바울은 기원 초경에 국제적인 도시인 로마령 길리기아 지방 다소 시의 디아스포라(Diaspora: 이방지역에 살고 있는 유대인들)의 한 유대인 가정에서 출생하였습니다. 다소는 당시에 국제적인 도시로 바울이 헬라 문화에 접촉하는 것을 용이하게 하였으며 이는 후에 바울의 이방선교에 큰 영향을 주었습니다. 바울은 10대 시절에 유대인 랍비인 가말리엘 문하에서 엄격한 유대교 교육을 받았으며 동시에 헬라 교육을 받았습니다. 바울은 그가 쓴 빌립보서 3장에서 자기를 소개하는데, 그는 팔일 만에 할례를 받고 이스라엘 족속 중 베냐민 지파이고 율법으로는 바리새인이며 열심으로는 교회를 박해하고 율법의 의로는 흠이 없는 자(빌립보서 3:5-6)라고 말합니다. 그는 유대인으로서 바리새파로서 율법을 지키는 데에 열심이었으며 교회를 박해하였으나 부활한 예수를 만나면서 기독교의 복음으로 극적인 변화를 합니다.

바울은 초기에는 바리새인으로서 교회를 박해하던 사람이었습니다. 그는 초대교회의 일곱 집사 중 한 명이었던 스데반의 순교에 관련될 정도로 교회를 박해하는 데에 열심이었습니다. 이러한 바울이 회심을 하는 데에 결정적 사건이 일어나는데 그가 그리스도를 따르는 사람들을 결박하여 잡아오기 위하여 다메섹으로 가던 중 부활한 예수를 만나게 된 것입니다. 그는 "나는 네가 박해하는 예수라"(사도행전 9:5)는 예수의 목소리를 듣고 사흘 동안 보지 못하게 된 후, 부활한 예수가 보낸 아나니아라는 제자의 안수에 의해 다시 보게 되고 성령으로 충만하게 됩니다. 이 바울의 극적인 회심사건은 바울을 변화시켜 예수가 하나님의 아들이며 그리스도이심을 고백하게 만들고 복음을 열정적으로 전파하게 만듭니다.

아나니아를 바울에게 보낼 때 부활한 예수는 바울을 일컬어 "이 사람은 내 이름을 이방인과 임금들과 이스라엘 자손들에게 전하기 위하여 택한 나의 그릇이라"(사도행전 9:15)고 말합니다. 바울은 유대인이었지만 이방인을 위한 사도로서 사명을 받게 되었고 바울 자신도 하나님의 뜻으로 예수 그리스도의 이방인을 위한 사도로 부름을 받았다는 강한 정체성을 갖고 있었습니다. 바울이 헬라어에 능통했던 것과 로마 시민권을 가지고 있었던 것은 바울의 이방인 선교를 용이하게 만들었습니다. 바울의 원래 이름은 사울(베냐민 지파에 속한 이스라엘의 초대왕의 이름과 동일)이었는데, 첫 번째 선교여행을 떠나면서 로마식 이름인 바울로 바꿉니다.

2. 바울의 선교

바울은 기독교의 초기 이방선교에서 가장 핵심적인 역할을 합니다. 바울은 바나바와 함께 기근으로 고통 받던 예루살렘 교회에 구제금을 전달하러 예루살렘을 방문한 이후에 안디옥 교회를 시작으로 하여 제1차 선교여행을 떠납니다. 바울과 바나바의 제1차 선교여행은 시기적으로 대략 기원후 47-48년경으로 키프로스의 살라미와 바보에서 하나님의 말씀을 전하고 소아시아의 버가를 거쳐 비시디아의 안디옥에서 전도하고 이고니온, 루스드라, 더베로 이동하여 전도한 후 다시 안디옥으로 돌아오는 여정입니다. 첫 번째 선교여행 이후 바울과 바나바는 예루살렘을 방문하여 예루살렘 사도회의에서 모세 율법에 따른 할례가 아닌 예수 그리스도의 은혜로 구원을 얻음과 그와 바나바가 이방인을 위한 사도직을 수행함을 분명히 합니다.

바울의 제2차 선교여행은 기원후 50-52년으로 바울은 실라와 함께 시리아와 길리기아와 더베와 루스드라 등을 방문하여 이방인들에 대한 예루살렘 공의회의 결정사항을 전달하고 지키게 했으며, 디모데가 바울의 선교여행에 합세하게 됩니다. 이 세 사람은 성령의 인도를 따라 소아시아의 서북서 쪽으로 여행하여 고대 트로이 근방의 드로아 항에 이릅니다. 거기에서 바울은 밤에 마케도냐 사람 하나가 그에게 건너와서 자신들을 도와달라고 요청하는 환상을 봅니다. 그들은 배를 타고 유럽으로 건너가 마케도냐의 대도시인 빌립보에서 선교를 시작해서 데살로니가와 베뢰아와 아테네에서 선교를 하였습니다. 바울은 고린도에서 1년 반간 체류하며 하나님의 말씀을 가르치며 전파하고 이방선교의 본거지인 안디옥으로 돌아옵니다.

바울의 제3차 선교여행은 기원후 53-57년으로 바울은 에베소를 방문하기로 한 약속을 지키기 위해 에베소로 가서 거의 3년을 보냅니다. 그곳에서 바울은 하나님 나라의 일을 강론하고 권면하며 복음을 전파하고, 두란노서원을 세워 매일같이 강론하여 유대인과 헬라인들이 다 그리스도의 말씀을 듣는 풍성한 결실을 거둡니다. 그 후 바울은 마케도냐 지방으로 가 제자들을 권면하고 그리스로 가 3개월을 머무릅니다. 예루살렘으로 돌아가는 길에 빌립보와 드로아를 거쳐 밀레도에서 에베소교회의 장로들을 만나 고별설교를 하고 마지막 눈물의 해후를 합니다.

바울의 마지막 선교여행은 기원후 57-62년으로 바울은 여러 사람의 만류에도 불구하고 예루살렘으로 올라갑니다. 그는 그곳에서 예루살렘 교회의 지도자였던 예수의 형제 야고보와 장로들을 만나고 자신의 이방사역을 보고합니다. 그러다 바울은 율법을 비방하고 성전을 더럽혔다는 이유로 유대인들에게 잡혀 죽을 위기에 처하지만 천부장의 개입에 의해 목숨을 구합니다. 예루살렘에서 유대인들이 상소를 해 옥에 갇혀 2년을 보낸 바울은 가이사에게 상소하여 로마로 압송됩니다. 풍랑으로 배가 파선되는 고통을 겪은 뒤에 로마에 도착한 바울은 로마의 신도들을 만나 용기를 얻고 2년 동안 로마 사람들에게 하나님의 나라를 증언하며 예수 그리스도에 관한 것을 가르칩니다. 바울의 마지막 생애에 관해 성서는 기록하지 않고 있고 어둠에 묻혀 있습니다. 대개 그가 62년 또는 64년의 네로 황제치하의 기독교인들에 대한 박해 속에서 순교했을 것으로 보고 있습니다.

바울의 선교활동으로 기독교의 복음은 지중해 동쪽 지역으로 급속하게 퍼져나가고 소아시아와 그리스 지역에서는 교회 공동체가 세워지게 됩니다. 바울의 선교는 로마 제국의 동쪽만이 아니라 지중해 서쪽의 스페인에 이르기까지 더 큰 세계적 차원의 목표를 가지고 있었습니다. 성서는 복음이 확장되어나간 것이 성령의 역사였음을 증언합니다. 복음이 빠르게 전파된 것은 많은 사람들이 동의하는 것과 같이 그리스도를 위해 땅 끝까지 복음을 전파하겠다는 선교를 위한 바울의 불굴의 헌신과 고난과 희생도 중요한 역할을 하였습니다. 또한 당시 로마 제국에서 기독교의 복음이 급속하게 전파된 데에는 "유대인이나 헬라인이나 종이나 자유인이나 남자나 여자나 다 그리스도 예수 안에서 하나"(갈라디아서 3:28)라는 기독교 복음이 갖는 자유와 평등의 정신이 중요한 역할을 하였습니다.

3. 바울서신

바울은 신약성서의 핵심 저자인데 신약성서 27권 중 13권이 바울의 저작으로 기록되어 있습니다. 로마서, 고린도전후서, 갈라디아서, 에베소서, 빌립보서, 골로새서, 데살로니가전후서, 디모데전후서, 디도서, 빌레몬서의 13권이 바울의 서신입니다. 학문적으로는 이 중 로마서, 고린도전후서, 갈라디아서, 빌립보서, 데살로니가전서, 빌레몬서가 바울이 쓴 확실한 진정서신으로 인정받고 있으며, 데살로니가후서와 골로새서도 바울이 쓴 것으로 인정받고 있습니다. 반면, 디모데전후서와 디도서의 목회서신은 저자의 어휘와 문체 그리고 교리적 문제 등으로 인해 바울의 진정서신으로 의심을 받고 있으며, 에베소서의 저작자에 관해서도 학자들에 따라 다양한 의견이 존재합니다.

바울서신들은 바울이 선교를 통해 세운 교회들의 구체적인 상황과 관련하여 거짓 진리들을 반박하고 신도들의 신앙적 삶을 가르치고 권면하고 격려하고 있습니다. 바울서신에서는 그리스도의 죽음과 부활을 통한 하나님의 은혜에 의한 인간의 구원을 핵심적인 주제로 말하고 있기 때문에 그리스도의 십자가 죽음과 부활이 중요한 역할을 합니다. 또한 하나님의 약속을 성취하고 모든 신자를 인도하는 성령의 역할이 중요하게 다루어집니다. 바울서신은 율법의 행위가 아닌 그리스도를 믿음으로 말미암는 의를 통한 하나님과의 바른 언약적 관계의 회복을 강조합니다.

바울은 그리스도의 부활과 하나님의 통치를 완성하려고 오는 그리스도의 임박한 재림에 대한 확신을 갖고 있었기에 바울서신에서 그리스도의 재림을 기다리는 기독교 공동체의 종말론적 소망과 믿음과 사랑의 신실한 삶을 강조합니다. 바울서신 중 기독교 역사에 가장 큰 영향을 미친 것으로 평가받는 로마서의 경우는 죄로 인해 하나님으로부터 상실된 인간의 절망적 상황, 예수 그리스도의 십자가의 죽음과 부활로 대변되는 하나님의 은혜를 통한 인간의 구원, 그리스도에 대한 믿음과 성령의 인도 그리고 그리스도인의 윤리적 생활 등을 핵심 주제로 말하고 있습니다.

제 9 장

구원과 바울의 신학

1. 인간 실존과 하나님의 은혜

성서는 인간의 실존적 상태를 죄 아래 있는 인간으로 기술합니다. 인간은 아담과 하와의 원죄 이래 수많은 범죄를 저지르며 살아왔고 현재에도 살인과 같은 폭력과 저주, 속임, 간음과 같은 죄를 저지르며 살아가고 있습니다. 그러한 죄악의 결과로 인간 삶에는 파멸과 비참함의 고난이 있으며 평화의 길을 찾지 못하고 있습니다(로마서 3:9-18). 또한 인간이 죄를 행한 결과 하나님과 인간의 관계를 적대적으로 만들었으며 인간을 하나님으로부터 멀어지게 했습니다.

이처럼 하나님으로부터 유리되어 죄와 비참함에 빠져 상실된 인간에게 구원의 길이 나타났습니다. 신약성서는 그 구원의 길이 하나님의 은혜를 따라 예수 그리스도를 통해 나타났음을 천명합니다. 다시 말하자면, 예수의 삶과 십자가와 부활을 통하여 인간이 구원을 받을 수 있게 되었다는 것입니다. 신약성서는 예수 그리스도의 십자가와 부활을 하나님이 인간을 구원하기 위해 행하신 은혜의 사건임을 밝히며 예수 그리스도의 가르침과 그의 삶의 모범은 인간이 구원받을 수 있는 길을 제시하고 있습니다. 예수 그리스도에 관한 소식이 기쁜 소식인 것은 인간이 구원받을 수 있는 은총의 길을 하나님께서 열어주셨기 때문입니다.

그러면 죄 아래 있는 인간은 어떻게 구원을 받을 수 있을까요? 그 것은 하나님이 인간에게 구원을 주시기 위해 보내신 하나님의 독생자인 예수 그리스도를 믿는 믿음을 통해서 가능합니다. 하나님은 그리스도 예수의 십자가의 죽음과 부활을 통하여 세계의 모든 민족과 새로운 언약을 맺으셨습니다. 죄 아래 있는 인간은 스스로를 구원할 수 없으며 예수의 십자가의 피 흘림과 그의 부활은 우리를 구원하기 위한 사건이기에, 인간이 구원을 받으려면 먼저 우리를 위해 죽으신 예수를 믿어야 한다는 것입니다. 예수를 믿는다는 것은 예수의 십자가와 부활이 우리 인류를 구원하기 위한 대속 사건이었다는 것과 그의 가르침과 삶이 인간을 구원하는 참된 진리임을 믿는 것입니다.

어떤 사람들은 성서가 그리고 성서에 기초한 기독교의 교리가 왜 그렇게 믿음을 강조하느냐고 의아해 합니다. 그 이유는 구원은 하나님의 은혜와 예수 그리스도의 공로를 통해 죄 아래에 있는 인간에게 주어지는 무상의 선물이기 때문입니다. 그렇기에 구원을 받으려면 인간은 먼저 그 하나님의 선물을 수용해야 합니다. 즉, 믿어야 하는 것입니다. 에베소서 2장 8절은 "너희는 그 은혜에 의하여 믿음으로 말미암아 구원을 받았으니 이것은 너희에게서 난 것이 아니요 하나님의 선물이라"고 말합니다. 구원이란 하나님의 은혜 아래 주어지는 선물이며 인간은 그 은혜의 선물을 수용해야 하는 것입니다. 그 은혜의 선물을 받는 것이 바로 믿음입니다. 인간 스스로 구원을 성취할 수 없기 때문에, 먼저 인간은 하나님의 은혜의 선물인 구원을 받아들이는 것입니다. 그렇기 때문에 믿음이 강조되는 것입니다.

2. 믿음을 통해 구원받은 인간

예수 그리스도의 대속적 십자가와 부활을 믿으며 그의 가르침의 참된 진리를 믿는다는 것은 그의 십자가를 통해 우리의 죄를 용서받으며 우리의 죄를 십자가에 못 박으며 하나님과의 바른 관계 안에서 선하고 의로운 삶을 살아가기 시작하는 것입니다. 예수 그리스도를 믿는 믿음으로 살아가는 자를 하나님은 의롭다하십니다. 예수 그리스도에 대한 믿음은 우리를 그리스도와 함께 연합하게 만듭니다. 믿음은 우리를 예수의 십자가와 연합하게 만들어 우리의 죄를 매일 십자가에 못 박고 죄로부터 자유로운 삶을 살아가게 합니다. 예수 그리스도에 대한 믿음은 그의 부활과 연합하게 하여 의로운 삶을 살아가게 만듭니다. 하나님께서는 예수 그리스도를 믿는 믿음으로 살아가는 사람을 의롭다 하시며 믿음으로 살아가는 사람은 하나님과 화평을 누리는 바른 관계 안에서 살아가게 됩니다(로마서 5:1).

예수 그리스도를 믿는 믿음 안에서 살아가는 사람은 자기의 옛 자아의 죽음을 선언합니다. 정욕과 욕심을 가진 옛 사람은 예수와 함께 십자가에 못 박혀 죽었고(로마서 6:6), 이제는 구원받은 사람 안에 부활한 그리스도께서 살아가십니다. 그러므로 바울 사도는 "이제는 내가 사는 것이 아니요 오직 내 안에 그리스도께서 사시는 것이라"(갈라디아서 2:20)고 선언합니다. 이것이 바로 하나님의 아들을 믿는 믿음 안에서 사는 삶입니다. 사도 바울은 믿음을 통해 예수의 진리를 따르는 삶을 살아가는 사람을 새로운 피조물이라고 불렀습니다. "누구든지 그리스도 안에 있으면 새로운 피조물"이며 "이전 것은 지나갔으니 보라 새 것이 되었도다"(고린도후서 5:17)고 외칩니다.

예수의 참된 진리의 가르침을 좇아 살아가는 사람은 욕심을 따라 썩어가는 구습을 따르는 옛 사람의 모습을 벗어버리고 마음을 새롭게 하여 의와 진리와 거룩함의 새 사람을 입습니다(에베소서 4:22-24). 구습을 버린 새 사람은 그의 삶에서 거짓을 버리고 참된 것을 말하며, 화를 내어도 죄를 짓지 않도록 하고 가난한 자에게 구제할 수 있도록 자기 손으로 수고하여 선한 일을 하며, 덕을 세우는 선한 말을 하며 죄를 버리고 타인을 친절히 대하며, 불쌍히 여기고 용서하기를 힘쓰는 삶을 살아갑니다(에베소서 4:25-29).

사도 바울은 구원받은 인간을 하나님의 유업을 받을 아들(갈라디아서 4:7)이라고 불렀습니다. 예수가 하나님의 아들인 것과 같이 믿음으로 그리스도와 연합된 사람은 하나님의 자녀가 되는 것입니다. 그러므로 구원받은 사람은 하나님을 아버지라고 부를 수 있습니다. 또한 사도 바울은 구원받은 인간을 빛의 자녀들이라고 불렀습니다. 빛의 자녀의 열매는 "모든 착함과 의로움과 진실함"(에베소서 5:9)에 있다고 하였습니다.

3. 성령의 인도

예수 그리스도를 믿는 믿음 안에서 삶아가는 삶은 부활한 그리스도의 영이신 성령이 인도하는 삶을 따라갑니다. 육신이 원하는 욕정과 돈에 대한 탐욕과 명예에 대한 욕망과 권력에 대한 집착에서 벗어나, 생명과 평화의 열매를 맺는 성령의 인도를 따라갑니다. 사도 바울은 육신의 일과 성령의 일을 분명히 대조시킵니다. 육체의 욕망과 성령의 인도는 분명히 서로 대적관계에 있다고 말합니다. 그는 육신의 일을 "음행과 더러운 것과 호색과/ 우상 숭배와 주술과 원수 맺는 것과 분쟁과 시기와 분냄과 당 짓는 것과 분열함과 이단과/ 투기와 술 취함과 방탕함"(갈라디아서 5:19-21)과 같은 것이라고 설명합니다. 반면 성령의 열매는 "사랑과 희락과 화평과 오래 참음과 자비와 양선과 충성과/ 온유와 절제"(갈라디아서 5:22-23)라고 말합니다.

바울 사도는 로마서 12장에서 성령의 인도에 따라 하나님의 온전하신 뜻을 분별하는 그리스도 안의 새로운 생활을 기술합니다. 그것은 거짓이 없고 악을 미워하고 선에 속한 생활이며, 형제 사랑과 서로를 존경하는 데에 힘쓰는 삶이며, 게으르지 않고 부지런하게 열심히 주를 섬기는 생활이며, 소망을 품고 즐거워하며 환난 중에 인내하고 기도에 항상 힘쓰는 삶이며, 손님 대접하는 것을 힘쓰는 삶이라고 말합니다. 그것은 예수의 가르침대로, 박해하는 자를 저주하지 않고 축복하는 삶이며, 기뻐하는 사람들과 함께 기뻐하고 슬퍼하는 사람들과 함께 슬퍼하며, 자기를 스스로 낮추어 겸손하고 선한 일을 도모하며, 사람들과 더불어 화목하고 선으로 악을 이기는 삶이라고 말합니다(로마서 12:9-21).

예수 그리스도를 믿는 믿음으로 살아가는 사람은 그리스도의 영인 성령의 인도하에 예수께서 가르친 진리에 따라 살아가게 됩니다. 그 진리에 따라 살아가는 사람은 이 세상에서의 삶에서 생명의 열매를 맺습니다. 하나님의 거룩함을 닮아가는 성령의 열매의 마지막은 영생이라고 성서는 말합니다. 그러므로 육신을 쫓아 사는 죄의 삯은 사망이지만 예수 그리스도를 믿는 믿음 안에서 성령의 인도를 따르는 하나님의 은사는 영생(로마서 6:23)이라고 말합니다.

4. 하나님의 사랑(Agape)

로마서는 "우리가 아직 죄인 되었을 때에 그리스도께서 우리를 위하여 죽으심으로 하나님께서 우리에 대한 자기의 사랑을 확증하셨느니라"(로마서 5:8)고 말합니다. 그리고 예수 그리스도를 통한 그 하나님의 사랑에서 그 어떤 것도 끊을 수 없다고 말합니다(로마서 8:38-39). 바울 사도는 하나님께서 자신의 아들인 예수 그리스도의 십자가의 죽음이라는 고통을 통해서라도 인류를 구원하시고자 하는 하나님의 사랑의 절절함을 말하고 있습니다. 그리고 그 어떤 피조물도 예수 그리스도 안에 있는 하나님의 사랑에서 우리를 끊을 수 없다는 하나님의 사랑의 위대함과 그 사랑에 대한 확신을 보여줍니다.

"내가 너희를 사랑한 것과 같이 너희도 서로 사랑하라"는 예수의 말씀과 같이 인간은 그 하나님의 사랑을 받아 서로를 사랑하며 살아가야 합니다. 성서는 인간 구원의 길이 하나님의 사랑을 통해 나타났고 그 사랑을 실천하는 것에 있음을 말합니다. 바울 사도는 가장 위대한 성령의 은사로 사랑을 말합니다. 그는 고린도전서 13장에서 "믿음, 소망, 사랑, 이 세 가지는 항상 있을 것인데 그 중의 제일은 사랑이라"(고린도전서 13:13)고 말합니다. 그리고 그 사랑의 성격을 다음과 같이 말합니다.

"사랑은 오래 참고 사랑은 온유하며 시기하지 아니하며 사랑은 자랑하지 아니하며 교만하지 아니하며/ 무례히 행하지 아니하며 자기의 유익을 구하지 아니하며 성내지 아니하며 악한 것을 생각하지 아니하며/ 불의를 기뻐하지 아니하며 진리와 함께 기뻐하며 모든 것을 참으며 모든 것을 믿으며 모든 것을 바라며 모든 것을 견디느니라"(고린도 전서 13:4-7).

사랑은 인내하고 온유하고 시기하거나 자랑하지 않으며 겸손하고 화를 참는 인격성을 갖고 있습니다. 사랑은 또한 자기의 이익과 악이 아닌 진리와 의를 추구합니다. 성서가 말하는 사랑이란 예수 그리스도의 성품을 통해 나타난 인격적인 것이며 삶의 방향과 목표와 판단을 통해 구체적으로 나타나는 것입니다. 그러므로 사랑으로 역사하는 믿음을 통한 인간의 구원에서 하나님의 거룩한 성품에 대한 참여로 이루어지는 인격의 변화와, 어떠한 삶의 방향과 목표를 갖고 살아가야 하는 의지의 변화가 매우 중요합니다.

제 10 장

종말과 완성

1. 종말과 심판

공관복음서를 보면 예수는 성전의 파괴와 황폐화된 예루살렘의 멸망에 대해 예언합니다. 그는 또한 그 환난의 날들이 지난 후에 세상의 종말과 인자, 즉 예수의 다시 오심이 있을 것임을 말씀합니다. 해가 어두워지고 달이 빛을 잃고 별들이 하늘에서 떨어지는 자연의 징조와 함께 인자가 구름을 타고 권능과 큰 영광으로 오실 것(마태복음 24:30; 마가복음 13:26; 누가복음 21:27)임을 계시합니다.

예수의 재림과 함께 그는 최후의 심판을 하실 것이며 미래의 천국, 영원한 하나님의 나라가 도래합니다. 예수는 재림과 함께 모든 민족을 창세로부터 준비된 천국을 상속 받을 의인과 영원한 불에 들어갈 악인들로 구분하고 그들의 믿음의 결실인 행위에 따라 심판을 합니다(마태복음 26:31-46). 의인들은 영원한 생명에 들어가고 악인들은 영벌을 받을 것입니다. 사도행전도 부활한 예수가 40일간 이 땅에 계시다가 하늘로 올라가신 승천과 함께 그가 다시 오실 것에 대해 기록합니다. 예수의 승천 시 흰 옷 입은 두 천사는 제자들에게 "너희 가운데서 하늘로 올려지신 이 예수는 하늘로 가심을 본 그대로 오시리라"(사도행전 1:11)고 약속합니다.

예수는 천지는 없어지겠으나 세상의 종말과 재림에 관한 내 말은 없어지지 아니하리라는 재림의 확실성과 함께 그날과 그때, 즉 종말과 심판의 날은 아무도 모른다는 것을 말합니다. 천사들과 아들도 알지 못하고 오직 아버지만이 알고 계신다는 것입니다. 그렇기 때문에 성서가 말하는 마지막 종말의 때를 기다리는 사람의 자세는 예수의 다시 오심에 대한 믿음을 갖고 깨어 기다리는 것입니다.

"너희는 스스로 조심하라 그렇지 않으면 방탕함과 술취함과 생활의 염려로 마음이 둔하여지고 뜻밖에 그 날이 덫과 같이 너희에게 임하리라/ 이 날은 온 지구상에 거하는 모든 사람에게 임하리라/ 이러므로 너희는 장차 올 이 모든 일을 능히 피하고 인자 앞에 서도록 항상 기도하며 깨어 있으라 하시니라"(누가복음 21:34-36).

서신서의 저자들인 사도들도 세상의 마지막 때와 심판이 가까워 왔음을 강조하며 이러한 종말론적 실존으로서 경건하고 신실하고 기도하는 삶을 살아갈 것을 강조합니다. 베드로전서 4장 7절은 "만물의 마지막이 가까이 왔으니 그러므로 너희는 정신을 차리고 근신하여 기도하라"고 말하며, 마지막 때를 기다리는 자세로써 더욱 사랑하고 봉사할 것을 권면합니다. 베드로후서 3장은 종말이 지연되고 있는 상황에서 종말과 재림에 대한 주의 약속이 지연되는 것은 아무도 멸망하지 아니하고 회개하여 더 많은 사람을 구원하기 위한 주의 뜻임을 밝히며, 주님의 날이 갑작스럽게 올 것이며 거룩한 행실과 경건함으로 하나님의 날이 임하기를 바라보고 간절히 사모하라(베드로후서 3:8-12)고 권면합니다.

신약성서의 종말론(세상의 종말과 심판)과 윤리적 삶 사이에는 깊은 관계가 있습니다. 신약성서는 세상의 마지막 때와 심판이 가까웠으니 인간의 욕망에 따른 방탕하고 타락한 삶을 살지 말고 더욱 근신하고 깨어 있어 거룩하고 경건한 삶과 사랑과 봉사를 실천하며 살 것을 강조합니다. 이것은 초기 교회 공동체의 종말론적 실존에 대한 이해와 관련됩니다. 사도들과 초기 기독교인들은 예수의 오심과 함께 온 하나님 나라의 시작과, 하나님의 통치를 완성하기 위하여 다시 오시는 그리스도의 재림 사이에서 살고 있다고 믿었습니다. 그들은 하나님의 진리에 따라 그리스도 안에서 시작된 그들의 새로운 피조물의 삶이 그리스도의 재림과 함께 마지막 때에 도래하는 하나님의 나라(천국)에서 완성될 것이라는 소망을 품고 있었습니다. 그런 점에서 종말을 기다리는 거룩하고 경건한 삶은 영원한 하나님 나라의 삶을 반영하며 그것은 미래에 도래하는 천국에서 완성될 것입니다.

신약성서는 마지막 종말의 때에 모든 죽은 자의 부활을 통한 심판이 있을 것임을 예언합니다. 창세기에서는 문명의 시작 시에 인류의 죄와 타락에 대한 하나님의 진노로 물 심판(노아의 홍수)이 있었다면, 세상의 마지막 때에는 하늘과 땅에 불 심판이 있을 것(베드로후서 3:7, 10)이라고 말합니다. 최후의 심판을 통해 용 또는 옛 뱀으로 상징되는 사탄이 불에 의해 패망하고 불과 유황의 바다에 던져지게 될 것이라고 합니다. 모든 죽은 사람이 부활하여 하나님의 보좌 앞에 있는 생명책에 기록된 그들의 행위에 따라 영생과 영벌로 심판을 받게 될 것입니다(요한계시록 20:11-15). 심판의 주체는 보좌에 앉으신 그리스도이시고 의로운 자들과 악한 자들 모두 주님의 심판대 앞에 서게 될 것입니다. 이러한 심판의 목적은 단순히 불의한 자들의 징계에만 있는 것이 아니라 만물을 새롭게 하시기 위한 하나님의 목적에 있습니다.

2. 창조의 완성

신약성서는 종말을 단지 역사의 끝으로서만이 아니라 창조의 완성 또는 재창조로 말합니다. 종말의 도래와 최후의 심판과 함께 하나님께서는 만물을 새롭게 하실 것입니다. 서신서들은 새 하늘과 새 땅 그리고 새 예루살렘의 비전을 보여줍니다.

"우리는 그의 약속대로 의가 있는 곳인 새 하늘과 새 땅을 바라보도다"(베드로후서 3:13).

"또 내가 새 하늘과 새 땅을 보니 처음 하늘과 처음 땅이 없어졌고 바다도 다시 있지 않더라/ 또 내가 보매 거룩한 성 새 예루살렘이 하나님께로부터 하늘에서 내려오니 그 준비한 것이 신부가 남편을 위하여 단장한 것 같더라"(요한계시록 21:1-2)

요한계시록의 저자인 요한은 그리스도의 악에 대한 최후의 승리와 심판 후에 이전 하늘과 이전 땅과 바다가 사라지고 새 하늘과 새 땅이 도래하는 비전을 보게 됩니다. 그는 거룩한 하나님의 도성인 새 예루살렘이 하늘에서 땅으로 내려오는 것을 봅니다. 그곳은 하나님이 그의 백성들과 함께 계시고 눈물과 고통과 슬픔과 사망이 다시 있지 않은 곳입니다. 새 예루살렘 도성은 하나님과 어린 양이 성전이기 때문에 성전이 따로 없습니다(요한계시록 21:22). 마침내 하나님 나라의 통치의 완성이 이루어집니다. 미래의 영원한 천국이 도래하고 하나님의 나라가 완성됩니다.

요한계시록은 미래에 올 천국, 즉 회복될 낙원에 대해 구체적으로 묘사합니다. 그때는 인류의 창조 이후 인간의 원죄와 타락으로 상실된 낙원인 에덴동산이 새롭게 회복됩니다. 새 하늘과 새 땅의 새 예루살렘 도성은 유리 같이 맑은 정금으로 되어 있고 하나님과 어린 양의 보좌로부터 나온 생명수의 강이 흐르며, 그 강 좌우에 있는 생명나무가 열매를 맺고 그 나무 잎사귀들은 만국을 치료합니다. 다시는 저주가 없으며 하나님의 백성들은 하나님과 어린 양의 얼굴을 보게 됩니다(요한계시록 22:1-5). 낙원은 회복되고 하나님의 영광의 빛이 그의 백성들을 비출 것입니다.

성서 전체의 마지막 부분인 요한계시록의 끝부분은 계시를 증언하신 주님의 재림에 대한 약속과 은혜의 인사로 끝납니다.

"이것들을 증언하신 이가 이르시되 내가 진실로 속히 오리라 하시거늘 아멘 주 예수여 오시옵소서/ 주 예수의 은혜가 모든 자들에게 있을지어다 아멘"(요한계시록 22:20-21).

예수 그리스도의 임박한 재림에 대한 약속과 "주 예수여 오시옵소서"라는 교회의 간절한 기도와 주 예수의 은혜가 모든 사람에게 있으리라는 축복의 기도로 성서는 끝을 맺습니다. 창조의 완성인 새 하늘과 새 땅의 비전을 바라보며 새 예루살렘을 간절히 바라는 그리스도의 사람들은 주 예수의 다시 오심이 속히 이루어지를 간절히 기도하고 사모할 수밖에 없습니다. 예수의 재림을 바라는 모든 사람에게 현재의 고난과 시련을 이길 은혜와 은총이 세상 끝 날까지 함께 할 것입니다.

인간 삶의 근원적 가르침, 성서

독일의 소설가이며 시인인 헤르만 헤세의 시 중 "봄의 말"이라는 시가 있습니다. 그 시 중 다음과 같은 부분이 나옵니다.

"어린애마다 알고 있습니다. 봄이 말하는 것을. 살아라, 자라라, 피어 나라, 희망하라, 사랑하라, 기뻐하라, 새싹을 움트게 하라, 몸을 던지 고 삶을 두려워하지 말라."

성서는 마치 신록을 돋아내는 봄이 말하는 것과 같이 인간이 생명 을 갖고 살아가는 것과 사람이 성장하고 인생의 꽃을 피우듯이 성숙 하는 것과 미래에 대한 희망을 갖고 살아가는 것을 말합니다. 성서는 하나님과 사람과 자연을 사랑하는 것과 기뻐하고 감사하며 살아가는 것과 우리 인생에서 생명의 열매를 맺는 것과 하나님의 나라를 위하여 몸을 투신하고 삶을 두려워하지 않을 것에 관해 말합니다. 성서는 단지 말하는 것이 아니라 하나님의 사랑하는 피조물인 우리 인간이 그러한 가치 있는 삶을 살아야 한다고 가르칩니다. 그러한 생명의 삶을 나 홀로가 아니라 역사의 주권자이신 하나님과 함께 걸어가며 그분의 인도 속에서 어떻게 나아갈 것인가에 관해 알려줍니다.

우리는 성서의 이야기를 읽고 배우면서 우리 삶의 이야기에 관해 깊이 생각해볼 수 있습니다. 하나님과의 관계 속에서 지금까지 우리 자신의 삶의 이야기를 해석해보고 성서에 나오는 수많은 사람의 이야기를 통해 미래의 우리 인생 이야기를 어떻게 써나가야 할지를 궁구해볼 수 있습니다. 성서의 이야기를 읽고 묵상하는 것은 우리 인생 이야기의 한가운데에 있는 지금 여기에서 더 아름다운 삶의 이야기를 만들기 위해 우리가 무엇을 선택할지를 어떻게 변화할지를 깊이 성찰하게 만듭니다. 성서를 통한 하나님과의 만남은 우리 인생의 변화와 함께 존재 자체의 변화를 만들어냅니다. 왜냐하면 우리가 성서에서 만나는 하나님은 우리가 인격적으로 그분의 성품을 닮아가고 우리 인생이 하나님의 뜻에 맞는 온전한 삶을 살아가기를 원하시고 그 뜻에 따라 우리 삶에 역사하시기 때문입니다.

성서의 이야기는 우리의 인생에 관해서만 이야기하는 것이 아니라 온 우주의 창조에서 인류의 창조와 역사 그리고 종말과 창조의 완성에 이르기까지 하나님께서 그분의 주권을 가지고 인도해오신 과정과 지금도 인도하시며 장차 인도하여 가실 것을 이야기합니다. 성서는 보통의 사람이 생각하고 상상하는 것을 넘어선 엄청나게 큰 거대한 이야기를 하나님의 시각에서 말합니다. 성서의 이야기를 읽어갈 때 우리는 우리의 생각이 얼마나 좁은지를, 하나님의 관심이 우리와 어떻게 다른지를 그리고 하나님의 뜻이 무엇인지를 발견해갈 수 있습니다.

성서의 이야기는 이 세상의 현실과 죽음을 넘어선 초월의 세계에 대해서 말합니다. 우리는 우리가 보고 듣는 물리적 현실에 갇혀서 현재의 세상에서의 삶에 관해서만 생각하기 쉽습니다. 그러나 성서는 우리가 경험하지 못하는 또 다른 영적인 차원이 있음을 말함으로 우리가 진정으로 추구할 중요한 가치가 무엇인지를 깨닫게 합니다. 성서는 또한 죽음을 넘어선 영원한 생명의 부활과 하나님의 나라에 관해서 말합니다. 그러므로 우리가 죽음을 두려워하지 말 것과 하나님에 대한 믿음을 갖고 살아갈 것과 부활과 천국에 대한 소망을 갖고 살아갈 것을 권면합니다.

성서는 인간 삶의 근원적인 가르침을 전하는 책입니다. 구약성서는 유대교의 경전이며 신구약성서는 기독교의 경전입니다. 종교라는 말의 宗자는 '마루 종' 자입니다. 일의 근원 근본 그리고 으뜸을 가리키는 말입니다. 教자는 '가르칠 교'입니다. 종교라는 말은 가장 근원, 근본이 되는 가르침이라는 의미입니다. 성서가 말하는 종교적 진리는 인간 삶에서 가장 근본이 되는 가르침을 전하고 있습니다. 성서의 진리는 인생에 대한 근본적인 가르침을 통하여 인간이 하나님이 주시는 은혜의 선물인 구원을 얻고 진정으로 자유를 누리는 인간으로 살아가게 하는 글입니다. 인간이 구원의 자유를 누리며 사랑과 정의와 섬김의 가르침을 실천하여 공동체와 사회와 세계 가운데서 하나님의 뜻을 이루어가도록 인도하는 책이 바로 성서입니다.

그러나 우리는 성서가 말하는 삶의 근원적인 가르침에 귀기울이기보다는 세상이 주는 성공과 쾌락의 추구에 더 큰 관심을 갖기도 합니다. 특히, 대학에 진학한 학생들 중 적지 않은 수가 인생을 진지하게 성찰하기보다는 인간 욕망의 즐거움을 추구하는 데에 소중한 시간을 낭비하기도 하며, 세상이 주는 가치관과 세계관에 쉽게 경도되기도 합니다. 인생의 봄을 시작하는 젊은이들에게 성서와의 만남은 그들의 삶의 항해를 바르게 인도하고 인생의 파고를 넘을 용기를 주고 목적지를 향하여 온전하게 인도할 것입니다. 이 책을 접하는 독자들이 성서와의 만남을 통하여 좀 더 깊이 있게 자신과 세계에 대해 사색하고 자신의 삶을 성찰하여 성서의 가르침을 자신의 인생을 살아가는 중요한 토대로 삼기를 바라는 마음입니다. 성서와의 만남은 여러분의 삶을 변화시키고 미래를 보람 있게 살아가기에 충분한 의미 있는 가치를 부여해줄 것입니다.

이 책에서는 성서 이야기를 전체적으로 개관하고 성서가 말하는 중요한 주제들을 소개함으로써 성서를 공부하는 사람들이 성서가 말하고자 하는 핵심적인 내용을 이해할 수 있도록 노력하였습니다. 다만, 제한된 시간 안에 책을 만들다보니 포로기 이후의 역사와 신구약 중간기의 역사와 관련된 부분은 책 내용에서 언급하지 못한 것이 아쉬움으로 남습니다. 그런 아쉬움이 있지만 대학에서 처음 성서를 접하고 학습하는 많은 학생들에게 의미 있는 도움을 주리라고 기대합니다. 이 책을 읽고 공부하는 모든 젊은 청년들과 믿음의 신앙인들에게 이 책이 유익하고 도움이 되기를 바랍니다. 하나님의 은혜가 모든 독자들에게 함께 하시기를 바랍니다.

"너희가 내 말에 거하면 참으로 내 제자가 되고 진리를 알지니 진리가 너희를 자유롭게 하리라"(요한복음 8:31-32).

| 참고문헌 |

던, 제임스.《예수와 기독교의 기원》상하. 차정식 역. 서울: 새물결플러스, 2010.

라이트, 토마스 N.《(마침내 드러난) 하나님의 나라》. 서울: IVP, 2009.

보른캄, 귄터. 《바울: 그의 생애와 사상》. 허혁 역. 서울: 이화여자대학교출판부, 1978.

브라이트, 존.《이스라엘 역사》. 박문재 역. 서울: 크리스챤 다이제스트, 1996.

스토트, 존.《성경연구입문》개정2판. 최낙재 역. 서울: 성서유니온선교회, 2011.

악트마이어, P. J., J. B. 그린, & M. M. 톰슨.《새로운 신약성서개론》. 소기천, 윤철원, 이달 역. 서울: 대한기독교서회, 2004.

얀시, 필립.《내가 알지 못했던 예수》. 김동완, 이주엽 역. 서울: 요단출판사, 2011.

올브라이트, 윌리엄 F.《간추린 이스라엘역사》. 김정훈 역. 서울: 기독교문서선교회, 2004.

앤더슨, 버나드 W.《구약성서 이해》. 강성열, 노항규 역. 서울: 크리스챤 다이제스트, 2000.

장일선.《구약신학의 주제》. 서울: 대한기독교서회, 1989.

_____.《다윗왕가의 역사이야기》. 서울: 대한기독교서회, 1997.

크렌쇼, 제임스.《구약지혜문학의 이해》. 강성열 역. 서울: 한국장로교출판사, 1993.

크로산, 존 D.《예수 사회적 혁명가의 전기》. 김기철 역. 서울: 한국기독교연구소, 2007.

피, 고든 D. & 더글러스 스튜어트,《책별로 성경을 어떻게 읽을 것인가》. 길성남 역. 서울: 성서유니온선교회, 2011.

패튼, 존.《영혼돌봄의 목회》. 윤덕규 역. 서울: 기독교문서선교회, 2011.

하퍼, 마이클.《예수의 치유》. 고재봉 역. 서울: 요단출판사, 1988.

헌터, A. M.《신약성서개론》. 박창환 역. 서울: 컨콜디아사, 1984.

자유와 구원의 텍스트 성서
－대학생을 위한 성서 강의

2015년 3월 5일 초판 1쇄 펴냄
2023년 2월 24일 초판 7쇄 펴냄

지은이 | 윤덕규
펴낸이 | 김영호
펴낸곳 | 도서출판 동연
등 록 | 제1-1383호(1992. 6. 12)
주 소 | 서울시 마포구 월드컵로 163-3
전 화 | (02)335-2630
전 송 | (02)335-2640
이메일 | yh4321@gmail.com
인스타그램 | https://www.instagram.com/dongyeon_press

ISBN 978-89-6447-267-5 03200